非暴力沟通·职场篇

[美] 艾克·拉萨特（Ike Lasater） [美] 朱莉·斯泰尔斯（Julie Stiles）◎著

潘乔◎译　朱悦◎审核

Words That Work In Business

A Practical Guide to Effective
Communication in the Workplace

华夏出版社
HUAXIA PUBLISHING HOUSE

图书在版编目（CIP）数据

非暴力沟通.职场篇/（美）艾克·拉萨特(Ike Lasater)，（美）朱莉·斯泰尔斯 (Julie Stiles)著；潘乔译.—北京：华夏出版社有限公司，2020.8（2025.2 重印）
书名原文:Words That Work in Business
ISBN 978-7-5080-9930-9

Ⅰ.①非... Ⅱ.①艾... ②朱... ③潘...Ⅲ.①心理交往－通俗读物 Ⅳ.①C912.11-49

中国版本图书馆 CIP 数据核字(2020)第 057138 号

Translated from the book Words That Work in Business，ISBN: 9781892005014 / 1892005018, by Ike Lasater with Julie Stiles.

北京市版权局著作权合同登记号：图字 01-2016-4804 号

非暴力沟通·职场篇

作　　者	[美]艾克·拉萨特　　[美] 朱莉·斯泰尔斯	
译　　者	潘　乔	
审　　核	朱　悦	
责任编辑	马　颖	
责任印制	刘　洋	
出版发行	华夏出版社有限公司	
经　　销	新华书店	
印　　刷	三河市少明印务有限公司	
装　　订	三河市少明印务有限公司	
版　　次	2020 年 8 月北京第 1 版　　2025 年 2 月北京第 4 次印刷	
开　　本	710×1000　1/16 开	
印　　张	12	
字　　数	200 千字	
定　　价	49.00 元	

华夏出版社有限公司　　地址：北京市东直门外香河园北里 4 号　邮编：100028
网址：www.hxph.com.cn　　　电话：（010）64663331（转）
若发现本版图书有印装质量问题，请与我社营销中心联系调换。

非暴力沟通需要词汇表

连接

接纳
情感
欣赏
被理解
归属感
亲近感
沟通
成为社区的一份子
陪伴
关爱
言行前后一致
合作
同理
被容纳
亲密
爱
互惠
照料
被尊重 / 自我尊重
安全感
稳定
支持
了解与被了解
看见与被看见
理解与被理解
信任
温暖

身体的康健

空气
食物
运动 / 锻炼
休息 / 睡眠
住所
触摸
水

诚实

真实
正直
设身处地去想

自主性

选择
自由
独立
空间
自发性

和平

美
分享
轻松
平等
和谐
启迪
秩序

意义

欢庆
生命
挑战
明确
能够胜任
感知
贡献
创造
发现
高效
有效力
增长
希望
学习
哀悼
有参与感
有目的
自我
表达
激发
重视
理解

玩乐

幽默
喜悦

全神贯注、投入	不喜欢	愤慨
疼痛	不快	被压倒
渴望冒险	不满意	痛苦
深情	冷淡	慌张
害怕	分心	无力
更为严重	心烦意乱	富有激情
紧张不安	有压力	非常迷茫
悲痛	气氛活跃、兴奋	忧愁
轻松	平静	震惊
警惕、受惊	苦恼	幽默
警觉	心寒	容光焕发
孤立	感兴趣	欢欣
有活力	好奇	吵闹
被远离	精力充沛	清爽
讶异	身心俱疲	懊悔
矛盾	烦恼	放松
愉悦	软弱	不舒服
气愤	困难	不开心
身心极度痛苦	兴高采烈	安全
活泼	慌乱	满足
敌对	焦急	惊吓
厌烦	不祥之感	疲倦
焦虑	遗弃	依依不舍
冷漠	脆弱	摇摆
恐惧	狂乱	疲乏
感激	精疲力尽	担忧
不安	友好	受激发
失去连接	惊吓	羞愧
气馁	心态开放	惊讶
厌恶	乐观	反感

惊叹、敬畏	与以往不同	向往
为难	受辱	被信任
筋疲力尽	开心	被吓一跳
哀痛	痛恨	神经紧张
不知所措	伤心	被紧逼
幸福愉悦	沉重	不感兴趣
得意	无助	意外
阻隔	犹豫	难过
无聊	充满希望	关心
心碎	无望	自信
欢快、爱说笑	怀有敌意	困惑
极度疲劳	受伤害	压制
湿冷	失去耐心	蔑视
头脑清醒	发怒	满意
舒服	愤愤不平	暴躁
暴怒	没有安全感	好奇
着迷	受启发	无法思考、茫然
热情	骄傲	眼花缭乱
狂喜	悔恨	灰心
嫉妒	被遗弃	欣喜
平和	重新恢复	精力被耗尽
恼火	拒绝	混乱
兴奋	憎恨	充实
疲惫	高冷	狂怒
振奋	恢复精力	混乱
满怀期待	圆滑	高兴
抑郁	温和	阴郁
绝望	悲惨	感恩
极度渴望	因寒冷而颤抖	哀伤
沮丧	震撼	谨慎
十分震惊	颤栗	内疚
失望	害羞	搅扰
仓皇失措	惊奇	惧怕
不信任	卑鄙	无趣

渴望	孤独	悸动
欢喜	迷失	不适
急躁	爱	紧张
得意扬扬	忧虑	刺痛
震惊	感动	累
有权力	不解	撕扯
受鼓励	厌恶	受触动
激励	紧张	悲伤
疑惑	麻木	被迷住
烦躁	困倦	受伤
易怒	平静	恐慌
焦躁	迷惑	悬而未决
羡慕	受刺激	吃力
惶恐	躁动	有心灵感应
愉快	重创	怀疑
欢庆	愤怒	生机勃勃
焦虑	感激	温暖
轻松	亲密	
无精打采	激动	

感受与伪装成感受的评判

伪装成感受的评判	感受	需要
被抛弃	恐惧、受伤、困惑、难过、惧怕、孤独	被照料、被连接、有归属感、被支持、被关照
被虐待	生气、受挫、恐惧	被关照、被照料、被支持、身心健康、被关心、凡有生命者都应当得到照料
不被接纳	难过、害怕、孤独	被容纳到集体中、被连接、成为社区的一份子、有归属感、能够做出贡献、得到同龄人的尊重
被侵袭	恐惧、气愤	安全
被轻视	气愤、受挫、神经紧绷、痛苦	得到尊重、有自主的权力、被他人看到、得到承认、被欣赏
遭到背叛	气愤、感到受伤害、失望、暴怒	相互信任、可靠、诚实、荣誉、诚信、沟通清晰
受指责	气愤、恐惧、困惑、反抗、感到受敌对、迷茫、受伤害	相互负责、明确前因后果、公平、公正
被欺凌	气愤、恐惧、有压力	有自主权、能自由选择、安全、得到关心
被禁锢	气愤、挫败、恐惧、焦虑	有自主权、能自由选择、自由
被欺骗	憎恨、受伤害、气愤	真诚相待、公平、公正、相互信任、可靠
被胁迫	气愤、挫败、恐惧、失败、害怕	能自由选择、有自主权、自由（能够自由行动、做选择）
被逼入绝境	气愤、恐惧、焦虑、失败	能有自主权、自由
被指责	痛苦、恐惧、焦虑、挫败、羞辱、气愤、丢人	被理解、被承认、被重视、彼此负责、不加评判地沟通

被轻视 / 不受重视	受伤害、气愤、丢人、挫败	被承认、融入群体中、得到认可、被尊重、得到重视
不被喜欢	伤心、孤独、受伤害	被连接、被欣赏、被理解、被认可、友情、融入群体中
不被信任	伤心、挫败	信任、诚实
被欺哄	气愤、被压倒	被尊重、被关爱
被骚扰	气愤、挫败、有压力、恐惧	被尊重、有自己的空间、被关爱、平和
被麻烦	烦躁、痛苦、气愤、挫败	真诚，能有自主权，以自己的节奏和方式做事情，平静，拥有自己的空间
被忽略	孤独、恐惧、受伤害、难过、丢人	被连接、有归属感、融入集体中、成为社区的一份子、有参与感
被侮辱	气愤、丢人	被尊重、被关爱、被承认、得到认可
被打断	气愤、挫败、憎恨、受伤	被尊重、被倾听、被关爱
被恐吓	恐惧、焦虑	安全感、平等、有权利
言语被忽视	气愤、受伤害、憎恨	被欣赏、被尊重、被承认、得到认可
被无视	难过、气愤、孤独、恐惧	被看见、被倾听、融入集体中、有归属感、成为社区的一份子
被孤立	孤独、恐惧、惧怕	成为社区的一份子、融入集体中、有归属感、能做出贡献
被遗忘	难过、孤独、焦虑	融入集体中、有归属感、成为社区的一份子、被连接
失望	难过、失望、惧怕	一致性、信任、可靠
被操控	气愤、恐惧、无力、受阻、挫败	能够有自主权、有权利、信任、平等、自由、能自由地做出选择、被连接、真诚
被怀疑	难过、气愤	信任

被误解	伤心、气愤、挫败	被倾听、被理解、沟通明确清晰
被忽视	孤独、恐惧	被连接、融入群体中、参与感、成为社区的一份子、被关心、受重视、被关爱
被压制	气愤、无能为力、无助、困惑	平等、公义、能够有自主权、自由
过度工作	气愤、疲劳、挫败	被尊重、被关爱、休息、被关心
被别人颐指气使	气愤、挫败、憎恨	得到承认、平等、被尊重、互惠
有压力	焦虑、憎恨、被压倒	放松、沟通明确清晰、有自己的空间、被关爱
被挑衅	气愤、挫败、充满敌意、被敌对、憎恨	被尊重、被关爱
被捉弄	气愤、难过、丢人	被尊重、得到承认、被理解
被拒绝	受伤害、恐惧、气愤、被轻视	归属感、融入集体中、有亲密感、被看见、被认可、被连接
被戏弄	气愤、憎恨、失望	关爱、公正、公平、得到认可、信任
压抑，感到窒息	挫败、害怕、绝望	有自己的空间、自由、有自主的权力、真实、自我表达
被认为理所应当	难过、气愤、感到受伤、失望	被欣赏、得到承认、被认可、被关爱
被威胁	恐惧、害怕、警觉、紧张不安、被挑战	安全感、有自主的能力
被践踏	气愤、挫败、感到被压倒	希望有权力、被连接、融入社区中、被看到、被关爱、被平等对待、被尊重、得到承认
被欺哄	感到丢人、气愤、憎恨	正直、信任、诚实
不被欣赏	难过、气愤、受伤害、挫败	被欣赏、被尊重、得到认可、被关爱
不被倾听	难过、被敌对、挫败	被理解、被关爱、得到同理心

不被爱	难过、困惑、挫败	爱、被欣赏、得到同理心、被连接、成为社区的一份子
不被看到	难过、焦虑、挫败	得到承认、被欣赏、被看到、被同理
不被支持	难过、受伤害、憎恨	得到支持、被理解
被视为多余之人	难过、焦虑、挫败	有归属感、被容纳、被关心
被利用	难过、气愤、憎恨	有自主权、平等、被关爱、互惠
被迫害	惧怕、无助	有权力、互惠、安全、正义
被侵犯	难过、紧张不安、焦虑	有隐私权、有安全感、信任、有自己的空间、被尊重
受委屈	气愤、受伤害、激怒	被尊重、正义、信任、公平

同理心练习

1. 发现能观察到的行为。

当我：

看到 _____

听到 _____

记起 _____

想象 _____

2. 表达我的感受。

我感到 _____

_____

3. 表达我的需要。

因为我更想要：_____

_____

_____

因为我当时更：

需要 _____

希望 _____

想要 _____

4. 提出具体的请求（行动层面），并询问对方当下的意愿。

现在，你是否愿意告诉我：

（1）你希望听到我说什么？

（2）你听完我刚才的话有什么感受？_____

（3）你是否愿意这样说或这样做？_____

接受移情作用

1. 猜测能被观测到的行为。

当你：

看到 / 听到 _____

记起 _____

想象 _____

或是 _____

你是不是有感于 _____

你是不是在说 _____

你指的是不是 _____

2. 猜测别人的感受。

你是否感到 _____

我猜你现在的感受是 _____

3. 猜测别人没有被满足的需要。

因为你更愿意 _____

因为你需要 _____

4. 猜测他人的请求是什么。

那么，你是不是想 _____

现在，你是不是希望我 _____

目 录
CONTENTS

前言　通向自由的六步

我第一次见到非暴力沟通的创始人马歇尔·卢森堡（Marshall Rosenberg）博士是在1996年5月的一个工作坊里，那是一个为期3天的关于非暴力沟通入门的工作坊，共有25名学员参加。培训的内容包括非暴力沟通的基本概念和技巧，其中涉及非暴力沟通的四要素：观察、感受、需要和请求。这次培训让我兴奋不已，此前我从没想过一个简单的沟通模式竟能解决如此多的沟通问题。毫无疑问，我和其他学员都被深深地触动了。

第二天下课后，我与妻子朱迪斯及孩子们共进晚餐。当时我们已结婚24年了，育有3个子女，最大的19岁，其余两个分别是16岁和14岁。仍处于兴奋中的我给他们讲述了自己白天在工作坊学到的东西。听完后，他们便也试着用非暴力沟通进行交流。可他们在使用过程中一出现错误，我就会尖声说道："错了，这个不是感受！"其实我这样的反应正反映了自己在非暴力沟通方面尚有很多需要学习和改进的地方，我意识到自己原有的沟通模式在脑中根深蒂固。此后，"这个不是感受"这句话成了关于我非暴力沟通的笑话。

最初学习非暴力沟通时，我总觉得学会一套新的沟通规则、继而成功运用这套规则并非难事。殊不知从尚在母亲怀中吃奶开始，我就已渐渐形成了一种社会生存模式，比如与人竞争、当自己羞愧时愤而谴责他人等。我已学会适应、熟练掌握甚至习惯于这种模式，并在这种生存模式盛行的社会里取得了成功。然而多年后，当我翻开第一次参加马歇尔博士的非暴力沟通工作坊所做的笔记时，我不禁为那时自己将马歇尔博士的话曲解为诸如"不要用那种方式说……"或是"你应该这样说……"等条条框框而失笑。

之所以回忆这段经历，有一部分原因是我不想让你再走我曾走过的弯路。我不希望你像我当初那样，没有将非暴力沟通应用到自己身上，而是把自己对非暴力沟通的理解强加给他人。这种情况特别容易出现，而且我也曾切身体会到了这样做所导致的痛苦。如果你从本书中看到了任何有用之处，我希望你能先将其应用到自己的生活中，再尝试说服别人对此产生兴趣；还有一点就是对自己或他人提出的是请求，而非命令。时至今日，我在这些方面仍需努力，我希望你也能够如此。

非暴力沟通在一定程度上改变了我的思考和表达方式，从而重塑了我对周遭事物的感知。此外，它还是一种通过语言调节与他人互动的方式。因此，非暴力沟通不仅事关如何通过语言与自己（如何思考）和他人（如何讲话）交流，更事关如何审视自身和从周围环境得来的感知。对我而言，非暴力沟通是一个非常有用的工具（你也可以将它视作一种策略），它让我能在世上活出自己的价值。你在阅读本书中非暴力沟通的相关内容时，可能会觉得我所提到的是一个成体系的、具体的"系统"。其实不然，我在这里分享的是自己对非暴力沟通的主观感受和一些运用了非暴力沟通的经历。我鼓励大家将非暴力沟通当作一种新的尝试，它不是静止不变的死板规矩，也不是一个单纯满足自己需要的工具。你可以尝试在生活中应用书中的建议，并在此过程中融入自己独有的经历。在这种"自我发现"与"量身定做"的学习过程中，你便能真正拥有非暴力沟通技能。

　　我尽可能清楚详尽地在书中把我对非暴力沟通的解读分享给大家。这些解读基于我同马歇尔·卢森堡博士及其他数名老师多年来共同开办工作坊的丰富经验，以及将所学应用到不同的环境中的实践经历，那些经历包括调解数不清的纷争、辅导冲突双方、协助他人开办非暴力沟通工作坊、担任非暴力沟通中心委员会成员长达六年等。我尝试在每天的生活中应用自己对非暴力沟通的理解，这样我对非暴力沟通的解释就不单是复制当初老师的教导了。因此，本书所展示的非暴力沟通将不同于其他任何人的解读。

　　朱莉·斯泰尔斯在本书写作和编辑过程中与我密切合作，她将她自己对世界的宝贵感知也融入了本书中。朱莉的参与不仅使得本书能够顺利出版，更大大提高了本书的质量。

　　最后，我请求读者们就如何在本书再版时提高质量提出宝贵的建议。如果你愿意将自己的阅读反馈告诉我们，请发送电子邮件到 IkeLasater@WordsThatWork.us。

序

　　10 年前，我与朱莉·斯泰尔斯一同撰写了《非暴力沟通·职场篇》的第 1 版。此后几年间，我一直帮助人们在面对具有挑战性的沟通情景时，以合他们自己心意的方式同理别人并被对方同理。这几年间，我在二十多个国家里做了很多类似的培训，由此也加深了我自己对非暴力沟通的理解，更提高了我在情绪化、高风险、充满张力的环境中使用非暴力沟通技能的能力。后来，我思考着将《非暴力沟通·职场篇》再版。在这个过程中，我越来越清晰地意识到，时至今日，书中所提到的内容依然非常适合在职场中应用。

　　从某些方面来说，《非暴力沟通·职场篇》（也包括非暴力沟通系列的其他书籍）传播的思想意识都是超前的。这本书中的内容，例如同理、积极心理学、幸福和职场的意义等，在这几年间都逐渐成为当今社会的主流话题，并不断出现在媒体上和相关研究中。

　　通常情况下，职场的核心是完成工作，但对任何行业来说，最关键的是沟通，而成功沟通的关键就是成功建立连接。若没有自我连接，我们就无法关注当下的事情并正确处理问题；若不能与沟通的另一方产生连接，你就不必多费口舌了，因为对方很可能不会以你所期待的方式感受到你的想法。

　　这本书（以及我所有其他作品）的重点是使用不同的方法对沟通结果进行评估，包括这些沟通是否朝着我们想要的方式发展。例如，我们在结束一段对话后会做出总结，思考这次沟通进行得是否顺利，以便从中学到一些东西。此外，我们还要分析下次沟通有什么需要改进的地方，以便今后能更好地达成我们的愿望。这个学习周期不断循环往复，每完成一次，我们离自己的愿望就更近了一步，让自己的个人生命和职业能力有所延伸和提升，而我们所付出的努力也会逐渐看到成效。

我们鼓励大家以自己的需要为导向来实践以上提到的学习周期：曾经发生的什么事满足了你的需要？或者展望未来，你是否发现这样的沟通策略能更好地满足你的需要？当你不停地评估你的需要并努力去满足它时，你就更容易得到满足，并能从中找到生活的意义，同时也能为他人的幸福做出一定的贡献。

大众文化告诉我们，贡献、满足、意义和幸福是重要的，它们值得我们在职场中去大胆追求。但除了这些，我们更应关注"如何"去实现这些。

《非暴力沟通·职场篇》给出了这个答案，它告诉我们应该注意哪些事情，以及在面对职场中具有挑战性的沟通时我们应该怎么说、怎么做。

当我处在一个富有挑战性的环境里并且情绪十分激动时，一份之前练习过的学习指南就像是一个暴风雨中的避难所。这份指南告诉我们面对当下的情况应该注意什么以及怎么去做。它指导我们改变面对冲突时的习惯性反应，告诉我们应该如何去想、采取什么行动，才能达到更好的效果。你是否常常回想起之前的某个场景，并为自己当时的言行感到后悔？练习我们的这份学习指南能够帮助我们改变之前惯有的冲突反应，从而减少我们对自己之前的言行感到后悔的次数。

当然，在过去 10 年中，我的想法也在不断更新。如果大家熟悉我近来的作品（包括《选择和平》《从冲突到连接》《当你的思维破坏了你的梦想》），就会看到我思维的改变过程。虽然我的思维有了改变，但这本书第1版提出的非暴力沟通技能、概念和练习仍非常适用于我们的职场生活。因此，此次再版时我没有采用自己最新作品中的思维来重写这本书。

这次再版的第七章还增加了一系列职场沟通指南，我们会讨论创作这份指南的目的以及用它们来提高非暴力沟通技能的方法。

我还为《非暴力沟通·职场篇》写了一本练习手册《非暴力沟通·团队篇》（中文简体版即将由华夏出版社出版）。这本练习手册里面记录了适用于我们身处的社区的、能支持团队工作的指南，可指导我们在团队中正确地沟通对话，为团队达成期待的结果奠定基础。

本书首次出版后，我更加深刻地体会到了练习非暴力沟通技能的重要性，并立志将这些技能融入自己每天的生活中，使其成为一种习惯。因为我发现自己有很多次情绪非常激动，是未真正运用非暴力沟通技能的缘故。因此，我在自学和培训他人的过程中，更关注在情绪化的情境中使用非暴力沟通技能。

本书中的策略帮助我改变了思维模式和生活方式，希望你也能有这样的体会。

我真的能在职场
使用非暴力沟通吗

第一章

想必以下这段经历诸位并不陌生：刚走出非暴力沟通工作坊时，你满怀着期待与希望，精神抖擞，盼望能够与他人进行有意义的、情意相通的沟通。你一腔激情地想要将所学分享给他人，所以一旦发现机会，你便开始尝试应用自己在工作坊习得的技能。然而总是事与愿违，你并没有收获深层情感上的连接或积极的回应，相反，对方可能会说："你怎么说话怪怪的？"片刻间，激情退去，活力不再。更令人懊恼的是，你又回到了过去，用自己惯有的行为模式做出反应，而不再发自内心地去感受、体会对方的情感。

在最初的实践和分享中未得到对方的积极回应时，我们往往会认为新的沟通技能在某些场合可能并不适用，职场便是一例。你也可能会想："我可以理解非暴力沟通对我个人生活的益处，但职场肯定不适用！我的同事不会接纳这样的沟通方式。"

我能理解这些想法，因为我本身也曾经历过这个过程。刚开始学习非暴力沟通的时候，我还是一名辩护律师。那是 1999 年，我正准备退出司法界，然后开始在非暴力沟通中心董事会的全职工作。当时我接手的最后一场官司是在加利福尼亚州中央谷联邦法院的一起倾倒有毒农药的案子，其中一名公诉人是位一流的分析化学师，但她从未出庭作过证。开庭前我看过她的证词，我希望她在庭审时强调庭审记录中的几点内容。然而我对她进行交叉询问的过程异常痛苦，因为每当我问她一个问题，她都会在回答时毫无必要地重复此前已经陈述过的内容。

万分沮丧之际，我试图用在法学院学到的各种技巧约束她，让她停止冗长重复的解释，结果毫无起色。不仅如此，休庭的时候我还发现，她认为我为此所做的努力是在羞辱她。很可惜，庭审时我一直都没有想过可以尝试用另一种方式与她沟通。

当时的形势令我痛苦万分，因为我们已经落后于之前制定的计划了，我担心再这样下去，法官会缩短交叉询问的时间。那天晚上，就在我正在思考接下来该怎么办的时候，突然有一个声音在我脑海里轻轻地说："你何不尝试一下非暴力沟通？"

我当时的反应是："不！这绝不可能！"作为一名律师，我熟悉的画面是：我站在律师席，证人站在证人席，法官坐在法官椅上，而反方律师则全副武装，时刻准备对任何偏离其预期的言语进行反驳。就在走投无路的时候，我开始思考如何在这样的场合中顺利应用非暴力沟通。在花了一些时间同理自己的感受后，我开始在脑海中练习用非暴力沟通技能与证人对话。

第二天刚开始，情况和第一天一样：我提问，她冗长、重复地回答。我终于忍不住打断了她，说："我担心时间不够你讲完所有的证词，所以你愿不愿意先回答我提的问题，如果有需要的话再进行解释？我保证在证词讲完前你有时间咨询政府律师，也有时间再做出解释。现在，你是否可以只回答我的问题？"

在说这番话的时候，我的心跳加速，我甚至觉得心都提到了嗓子眼儿。直到如今，我都不知道当时是如何说服自己做出那样的举动的。一分钟过去了，在得到政府律师的首肯之后，证人同意了我的请求。尽管此后我不得不提醒她好几次，但总体而言，交叉询问比原来迅速、顺利得多。

我记得当时自己在应用新的沟通方式时出现了强烈的身体反应，而这正凸显了在一个既有的环境中改变惯性沟通方式是非常困难的。许多人都遇到过这样的问题，我们会认为周围的人对我们的沟通方式有一定的预期，于是我们也将自己的行事方式和沟通模式局限在他人预期的狭隘范围内。但事实上，我们完全可以突破这样的束缚。

如果你对自己在职场中使用新的沟通方式充满了疑惑和担忧，那么本书正合你意。书中的建议对生活的方方面面都适用，但最适用的环境就是职场，因为尝试与同事、经理或职员建立新的沟通方式常令我们感到不适。当你不确定在职场中自己的生存和发展需要能否得到满足时，这种感觉尤甚。

实际上，与其他人际关系一样，职场关系也可以通过使用非暴力沟通得到改善，而且非暴力沟通能令你更加享受职场生活。在开始前，我们假定无论你是否熟练掌握非暴力沟通技能，将来都能在职场中使用它。我们还设置了一系列的技能训练和实践，帮助你建立对使用非暴力沟通的信心。

开始前的几点提示

本书旨在加深之前所学，让你更灵活自如地在职场中使用非暴力沟通技能。在第一章中，我们先给大家几点提示，以加深对后面内容的了解。在第二章中，我们会阐述如何练习静默使用非暴力沟通，从而令你在一些出声使用非暴力沟通会感到不适的情境中，也能即时恰当地使用非暴力沟通技能。接下来，第三章会解释学习周期及其与练习时所遇到的情绪（喜怒哀乐）间的关系。这些练习会提醒你对提高沟通技能的愿望和曾经为此做出的承诺。实践是将技能与生活相结合的关键，因此第四章列举了各种实践练习的方式。我们将提出请求视为实践非暴力沟通的重要一环，因为能成功掌握这种技能的人寥寥无几，因此第五章将讨论如何提出请求才能更好地满足需要。第六章则列举了一些典型的职场问题实例，当你开始强化自己的非暴力沟通技能并寻求更多练习机会的时候，这一章会给予你帮助。第七章为职场沟通的 52 周练习指南。

　　我们鼓励采用不同的方式使用本书：你可以从头至尾通读一遍，然后花一些时间完成书中的实践练习；也可以根据你遇到的实际问题选择阅读学习相应的那一章。例如，如果你在工作中出现冲突，并意识到你在对自己或他人做评判，那么你可以参考第六章的"发现敌对印象"。

　　为了鼓励你多做实践，我们在整本书中穿插了"停下练习"这一板块。希望这个板块能提醒你，其实可以在生活中的每一刻实践书中的内容。

　　书中有许多职场中的情景实例。实例中，主角（也就是你）与老板麦格纳以及两名同事哈罗德和凯伦进行交流互动。这些例子向我们演示了如何在真实场景中运用非暴力沟通。但由于文字表达和篇幅的限制，这些描述可能和大家真实生活中的同理过程不完全一样，尤其是在明确自己（或他人）的需要之前，你是有困惑的。所以我们鼓励你尽可能地发掘这些实例的潜在价值，而不要浅显地认为同理的过程就像情景实例中展现的那样迅速、简单和直接。

提　醒

　　学习初期，非暴力沟通看上去与其他沟通方式无非就是措辞及语序方面有区别，换而言之就是句法不同，我们也将重点放在了这些地方。但希望大家记住的是：首先，非暴力沟通的核心是意图，句法只是一种提醒我们明确目的的策略；其次，它是让他人更好地同理我们意图的一种方式。我在使用非暴力沟通的过程中最重要的体会是，让人明确意图的最好方式就是让自己和他人产生真正的连接，只有如此，才有可能创造出令人满意的结果。而我们心中的意图越清晰，便可越自如地选择最符合当下情境的词汇。例如，本书希望以一种特殊的方式探讨需要，特别是希望用某个词来表达一种全人类的共同需要。但在与他人直接进行沟通时，交流的愿望和意图是最重要的，言语反而次之。所以在这些情境中，我们希望你用到的是那些意义明确、能与交谈方产生共鸣、能恰当表达出自己需要的词汇，而那些词汇并不是非要针对某一类别的、人类共同的需要。

　　体会感受的目的，从根本上说是以一种本能的、非认知的方式连接自我，也就是体会自己的需要。然而这并非我们儿时所学的技能。自孩提时，我们开始形成习惯性的反应模式，久而久之，这些反应模式根深蒂固，逐渐成为我们的一部分。学会从需要的层面体会和交流，有助于突破固有的反应方式，而这需要花时间逐步进行实践和培养。在一次次发现自己的需要通过行动得到或未能得到满足的过程中，特别是发现惯有的反应方式已经不能满足人们的需要后，我们便为将来的沟通方式留出了调整空间。如此不断地重复提出需要并与需要相连接，我们才得以改变自己和他人互动的方式，这有助于创造一个与我们的价值观更为一致的世界。

例如，假设你对同事所做的评判已经形成了一种固有的反应习惯，而之后，你发现这种反应习惯与自己的价值观不符。至此，你可以思考自己这样的固有反应是希望满足哪些需要，结果自然会提出这个问题："下次我怎样做才能够更好地满足自己的需要？"我们鼓励你做这样的探索，因为这样你便可以意识到自己的哪些需要被满足了，哪些还没有，以及有什么新的方式能够更好地满足需要。整个探索过程可以不带任何评判、惩罚、责怪、羞耻、内疚、愤怒或郁闷的情绪。当你经常性地如此尝试寻求的时候，你就会创造出一个学习周期：开始意识、哀悼、欢庆你的行为。这个学习周期建立在自己喜欢之事的基础上，能让你从不喜欢的情境中转移出来，从而满足自己的需要（学习周期详见第三章）。很快，你开始记住这些时刻，然后尝试新的选择，并从这些选择中学习。这个过程能够让你自然而然地学会满足自己与他人需要的技能。

这与我从儿时就开始学习的社会化经历不同。曾经，我潜移默化地学会了分析到底错在谁，谁应该为此而受到责备或惩罚；我学会了如何避免让自己受到批评，如何免于责罚或间接受到责备。这种下意识地避免责备和羞愧的过程决定了我的感受。我学习的是如何避免责罚，即如何拒绝自己不想要的东西。但是这个过程并没有帮助我习得如何得到发展、获得成功，或是创造我想要的人生。在转变到与需要相连之后，我发现了我的需要，并在自己的思想支配下自由地去做自己擅长的事；我筛选既有的模式，从中发现能够满足自己需要的策略；我进入了一个学习如何创造我想要的东西的循环中。

因此，我认为在职场中使用非暴力沟通的核心，不是培养技能和实践，而是学习如何与自身的需要建立连接，并在此基础上做出新的选择，不再运用根深蒂固的惯性模式。在与自己的需要建立连接的过程中，我们的目的会逐渐地清晰起来。

学习非暴力沟通使用句法，是为了帮助你发现自己的目的，并在当下记住它。我从自己和他人的经历中总结发现，在学习非暴力沟通的一个特定阶段，使用最基本的非暴力沟通词句，如"当我听到……我感到……因为我需要……你是否愿意……"特别有用。我称其为车轮句型。凡是跳过这一阶段的人，则要花更多的时间才能改变旧观点，真正发挥非暴力沟通的潜能。这也许是因为他们没有持续练习车轮句型，而很难使非暴力沟通技能在心中扎根。我在这里提到的非暴力沟通有四个基本特征：观察而非评判、感受而非伪装成感受的评判、需要而非策略以及请求而非要求。这些特征都体现在车轮句型的结构中，因此使用这些车轮句型能够促使我们认识并理解应用这些特征。练习这些车轮句型是目前我认为唯一能够深层次抓住这些特征的方法。这些句子让我们对沟通的四个要素——观察、感受、需要和请求，都有所关注。当你熟练掌握这些特征并且清楚自己的意图是要与自己或与他人建立连接时，你所使用的具体词句就显得并不那么重要了。另外，人们常常说自己使用了所有"正确"的词汇，却未能达到预期的效果，这可能是因为这些词汇根本没能与他们真正的意图保持一致。

使用非暴力沟通的前提是，当你与自己和他人相连的时候，你会在自己的需要得到满足的同时，让周围人的需要也得到满足。我们相信，如果能够正确地分析当下的情境，那么我们大多会得到自己想要的东西。在使用非暴力沟通的前提下，当我们真正与需要相连时，我们所有人的需要都会得到满足。

非暴力沟通看似简单，实则不易掌握，至少我和我所了解的一些人的经历是如此。刚开始运用非暴力沟通的时候，这些新的想法往往很难记住。因为非暴力沟通是一种意识，是一种针对自己与他人沟通的思维方式，也是一套使用技能。当我们与他人沟通的时候，我们旧有的思维方式往往会比新学的思维方式发挥更为强大的作用。所以本书的目的是教你如何强化新习得的行为方式，从而将非暴力沟通融入生活，特别是融入职场中。

迈出第一步：非暴力沟通的静默练习

在职场中使用非暴力沟通可能会让你略感不安，因为你会担心同事对这种新的沟通方式做出负面反应。但其实任何言语、行为，都可以用同理、表示理解或共鸣（抑或两者均表示）的方式予以回应，这就是非暴力沟通。相信自己能以同理或理解他人的方式进行沟通，会让你对在与他人的互动中做出符合自己价值观的回应更有信心。然而人们常常将上述问题等同于蛋与鸡的关系——先有鸡还是先有蛋？如果害怕使用这个技能又怎么能掌握它？如果不掌握它又如何能自信地使用它呢？循环之下，非暴力技能就无法成功使用。而培养非暴力沟通技能的一个有效方式就是静默练习。本章将会介绍三种静默练习的方式——逐渐发现阻碍双方彼此相连的障碍、自我同理、静默同理，并阐述应当在何时以何种方式使用这些练习。

静默练习的好处很多，比如你在练习时几乎不会让同事察觉；可以用静默的方式培养自我同理和静默同理的能力，直到有信心时就可以试着出声同理、表达。经过静默练习后所说出的语言，可能会令你更加满意和自信。

操练非暴力沟通无须其他人知晓。尽管并未用语言表达出来，非暴力沟通还是可以让我们和他人情意相通。一旦以这种方式与他人建立连接，你将不同于曾经的你，会更享受与人互动的过程。此外，即使你没有出声使用非暴力沟通，你说话的内容和方式也会发生改变，这些微妙的变化会帮助你逐渐过渡到出声使用非暴力沟通。

逐渐发现阻碍双方彼此相连的障碍

如果你希望使用非暴力沟通与自己和他人建立连接，那么我们鼓励你从意识到自己有哪些行为阻碍了与自己的内心或他人彼此相连开始。要培养这种意识，我们建议按以下两步来进行：

第一，注意哪些交谈未能与自己的内心或他人连接。你会发现自己隐约感到不适，不满自己或对方的言行，甚至失去了耐心或感到气愤（参见下文的示例 1）。

第二，一旦你发现未能如愿与自己的内心或他人建立连接，就要确定是否出现了以下状况：维护某一种观点、解释、做道德评判、武断地下结论、指责、试图惩罚、"非要"成为正确的一方。任何希望令自己的内心或他人感到内疚或羞愧的想法，都会妨碍彼此建立连接。

在审视自己的沟通效果的过程中，你会不时发现阻碍彼此相连的障碍。需要注意的是，在培养这种意识的过程中不要评判、指责，或因未能"正确"沟通而惩罚自己，这些都会继续阻碍连接的建立。学习过程中没有"对"与"错"，只有学习本身，也就是探究，进而尝试新的方式，以便更好地满足你的需要。我们同样也不赞成使用尚未完全掌握的技能去评判身边正在发生的事情，例如说出"你又这样维护自己的观点"或"不要利用愧疚来辖制我了"之类的话。相反，你要相信当新的思维习惯慢慢成熟，你就能提高自己使用非暴力沟通的能力，并以同理或表达来回应对方。

意识的培养是学习的第一步。通过静默练习培养自己的意识、发现阻碍双方彼此相连的障碍，这也是学习新的沟通模式的关键。

示例 1

一天，同事凯伦到你的办公室和你讨论你们一起负责的项目。她说："你看，大型会议马上要召开了，可会议的准备工作还没处理好，这让我非常焦虑。"你说："是的，我知道是我耽搁了进程，但我现在的压力也很大。我既要负责这个项目，手头上还有许多其他的事情要处理。我已经加了很多天的班了，而且耽搁的原因是哈罗德没有及时给我数据。"在如此这般交换了意见后，凯伦离开了你的办公室，而你也意识到你们刚才的对话并不顺畅。你觉得自己与凯伦没有做到心意相通，也感受到她并不理解你现在的处境。后来回想起你对她最初表达焦虑时的回应，你发现是你的自我辩护、解释以及指责阻碍了你们的交流。

自我同理——发现你的情绪激发器

在与他人互动时，我们的情绪很容易被激发出来，他人或自己的言行都可能会触动我们的情绪。如果不进行有意识的改变，我们在情绪被激发出来的时候会做出一些习惯性的回应。但只要意识到这些，我们便能发生明显的改变。假以时日，当我们发现自己更喜欢新的回应方式所产生的结果，并试着不断强化这种新方式时，我们就会养成新的回应习惯。通过静默地自我同理，可以练习非暴力沟通的基本技能。你要先想清楚对方究竟说了话或做了什么事（对当下情境的观察），并区分当时的真实情况和你内心对此事的评判；之后再发掘自己的感受，并分析自己有哪些需要从言谈举止中得到了满足（或未得到满足）。作为培训师和调解员，我一直都在使用自我同理方法，并将它视为维持自身情绪健康、身心合一的关键。

例如不久前，在辅导一期工作坊的时候，我和几个朋友开了几个玩笑，这些朋友是我在此前的几期工作坊上认识的。结果旁边的一位新学员说："这种玩笑让我感到很不舒服。而且这些玩笑与非暴力沟通毫不相干，这个工作坊应该围绕非暴力沟通进行才对。"

听到这番话后，我顿时成了一个泄气的皮球，脑海中就想着："这真是个煞风景的人啊。"而意识到自己的这些感受后，我又开始思忖在这样的情境中，自己到底有什么需要希望被满足。此时，我发现自己希望能够毫无阻碍地、自由地做我自己，也希望有人能够和我一起分享开心与愉悦的事。于是，我转而对自己和这位新学员产生了同理心，也能够关爱地做出回应，理解了她何以说出那番话。

自我同理的方式有很多，如在之前的示例1中，我可以先观察对方的言行或是自己脑海中做出的评判。我可以从观察自己的评判开始，同理自己为何做出那样的反应；我也可以直接从感受入手，或是直接分析自己的需要是什么。自我同理的关键在于，我的目标是通过明确自己的需要与自己连接。

示例2

你正在会上报告自己工作的进展，哈罗德突然打断你的发言说："我们可不可以将你报告的时间压缩到15分钟之内？"你认为哈罗德打断你的发言是想与你唱反调，于是当即愤然离场。回到办公室后，你关上门，决定进行自我同理："他打断了我的报告，说我占用了太多时间。"但你意识到这是评判，而非观察。于是你重新将它转化成观察："我正在讲话，他就说……"。你越反思自己的愤怒，就越觉得自己受到了伤害，因为你在群体中被人尊重和同理的需要没有得到满足。当意识到自己被尊重和同理的需要后，你豁然开朗，心上压着的那块大石头也随即消失了。

尽管有很多切入点可以让我们通过自我同理来建立自我连接，但这里要特别强调需要的作用。当将"他让我很难受"这一评判转为观察与需要的语言——"听他这么说我感到很难受，因为我需要被人关心"后，我便更准确地描述了在那一刻外界发生的事情与我自身内心感受间的关系。"他让我很难受"这句话暗示了掌控局面的是"他"，因为他能够让我难受。除了感到难受，我别无他法。这句话意味着我放弃了主宰自己情感的权力。但是如果我说"听他这么说我感到很难受，因为我需要被人关心"，那么我所表达的是，我知道自己为何难过，他的行为只是引爆我不良情绪的一根导火索，而不是引起我情绪波动的原因本身。"因为"这个词提醒我（和他人），自己的难过之情源于自身的需要未能得到满足及对对方行为的解读，这样也避免了责备对方。

此外，使用观察和需要的语言，其实是描述观察结果对我产生的影响。"因为"一词还给有相同观察却做出完全不同反应的人留出了空间。与朋友一起看电影，同一部电影，有人泣不成声，有人却无动于衷。这是因为人生阅历不同，观看的视角也就不同。

我可以通过语言来表明，自己的内在状态（我的反应）并不是别人摆布的结果。我当时的确十分难过，但这是我自己的内心情感。如果我的良好情绪建立在他人的行为之上，并期待下次再相遇时，对方的行为还会令自己感觉良好，那么我很可能会失望。反之，如果我的坏情绪是对他人行为解读的结果，那么我就有希望改变自己的情绪，而自我同理能够帮我达成这个目标。

刚开始练习自我同理时，身边最好有人能够帮助你将观察清晰地表达出来，并确认你的感受和需要，尤其是在你还不能熟练明确自己的需要时。与了解如何确定需要的人一起练习还有另外一个益处：别人对你的需要的猜测，可能会让你产生生理上的变化，而这种变化通常在与某种需要建立了连接时才会发生。这种变化可能使你身体放松，感到豁然开朗和轻松，或是强化了某种情感上的感受。这样的练习即使在事情发生一段时间后进行，对你产生变化也是有助益的。

如果身边没有人与你一同练习，你也可以使用其他技能来感受这种生理上的变化。当确定自己的某种需要在当下没有得到满足时，你可以想象一下，如果它得到了满足会是怎样的情形。例如，如果你确认自己的需要是得到关爱，那么可以想象，如果自己得到了关爱，你的身体或心理会有什么感觉。这样可以让你更深切地感受到需要得到满足后的状况和变化。此后，你可以在脑海中思考是否有什么技能可以满足这种需要。如果当时未能想到任何方法，你可以在接下来的一天中继续思考，或许在不经意间就会有奇思妙想。要相信你的大脑在潜意识中仍然思索着如何满足自己的需要。

停下练习

请放下手中这本书，然后开始审视自己：你的感受是什么？这种感受后面的需要是什么？看看能否发现至少一种自己的需要。

当你熟悉如何通过身体反应去发现自己的需要后，你就能在练习自我同理的时候去应用它。你可以将这种感受作为寻求满足需要之法的导引与标准，通常这种转换能够为你与他人提供相互体会和同理的机会。

在意识到自己的情感被激发的时候，使用自我同理会产生强大的力量。如果仍旧对那件引起自己情绪反应的事情感到不适，或是意识到自己的情绪即将爆发，即便此时距情绪爆发还有一段时间，也可以进行自我同理。如果我们即将进行的对话难度极大，可以事先练习自我同理（或者在他人的帮助下进行）做好准备，以保证自己头脑清醒地加入对话。头脑清醒意味着能够清楚地描述需要。我建议你每天花时间做自我同理练习（详见第三章"学习周期：欢庆进步、哀悼受挫"）。

我将自我同理视为非暴力沟通的基石。即使你没有进行其他的练习，不断的自我同理也能在一定程度上改变你的人生。当你在会议中发现自己的情绪被触发或在与他人的互动中感到沮丧时，当你意识到自己的需要没有得到满足时，当你即将开始、正在进行或是刚刚结束与同事、经理或下属的一场艰难对话时，你都可以静默地练习自我同理。在自我同理的时候，要注意留心自己思绪或感觉上的任何变化。

使用静默同理——理解你的同事

总体而言，除非我们自己被同理的需要完全得到满足，否则处在痛苦之中、心潮难平的时候，是无法对他人产生同理心的。因此，自我同理是掌握非暴力沟通技能中重要的第一步。只有与自己相连，才会对他人感兴趣（参见示例3）。当我们把注意力和关注点转向他人的时候，我们常常会问："他到底怎么了？"这时候，如果我们自己被同理的需要还没有得到满足的话，我们通常会武断地分析他人的"过错"，并认定"就因为他太糟糕了，所以才会发生这种事情"。而当我们以同理的心态去看待这个事件，我们的问题就会变为："他希望他自己的什么需要能得到满足？"这个问题便会将我们带入静默同理的练习中。

示例3

当与自己的需要连接后，你会感觉更轻松，并开始思考会议中到底发生了什么。哈罗德是否真的在针对你？当他说"我们可不可以将你报告的时间压缩到15分钟之内"的时候，他的需要是什么？你发现哈罗德的需要可能是尊重他的时间，并希望大家能遵守事先约定的时间限制。当你意识到这些的时候，你的敌对情绪便会大大减少，也对他更为接纳了。

静默同理的过程与自我同理大致一样，唯一区别是在静默同理中你体会的是他人的而不是自己的需要。你可以使用非暴力沟通的四要素——观察、感受、需要和请求来问问自己：从对方的角度来看，这是怎么回事？静默同理可以作为沟通的序曲，也可以仅仅用在与别人建立关系上。

通过静默同理，你可以不断地关注他人的需要，而不是去分析对方行为的正确与否。意识到对方同样也是有需要的人，比成为有理的一方重要得多，而且我们只要感受对方的需要，而非评判对方满足其自身需要的方式。虽然整个过程只有你一个人知道，但当你把注意力集中到需要上，你会发现自己的状态有了变化。你就像变了一个人，你的行为方式也会随之改变。其他人也会对你的改变做出回应，无论你对他们需要的猜测正确与否。

停下练习

回想自己最近一次与他人互动的经历，分析思考对方希望通过言行满足其自身的什么需要。

我们可以在与他人互动的过程中和完成互动后使用静默同理。我们建议你从听到的言语和看到的行为开始，无论对方的言行是否与你直接相关，无论对方的言行令你感到愉悦还是不快。通过这样的练习，你会逐渐习得如何感受需要，并猜测出对方行为背后想得到满足的需要。静默同理既可以在会议中（或在会议前）使用，也可以在会议结束后，你还沉浸在会议给你带来的情绪变化中时使用（详见示例4）。

　　例如，开会时，我尽可能地使用静默同理。当情绪被自己或他人的言行激发的时候，我可以对刚刚发生的事情进行静默同理，因为当时我可能并未感受别人的需要。当我重新与自己建立连接，便能听明白对方真正想表达的是什么意思，也能够理解对方这样说和做的原因及其背后的需要。我喜欢不停地在自我同理与静默同理之间转换，因为这样即使我没有直接使用非暴力沟通的语言，我也会有所改变，不再抱有评判式的想法，内心也充满了能量。对方会根据我的肢体语言，采用不同的方式回应我，因为我所说的话语内容以及说话的方式、语速、说服力以及声音的能量都已发生了改变。这样我的举止也会因为操练自我同理与静默同理而有所不同。

　　我们建议在职场中应用非暴力沟通前，要先意识到你们双方的连接是如何被阻碍的，并且随时随地练习自我同理和静默同理。开始练习这两项技能的时候，你可能会回顾当时的情景，并将注意力集中在自己还可以怎么做以及如果下次再发生会怎么做上。如此一来，你就进入了一个学习周期。我们会在接下来的一章中深入探讨学习周期的问题。

示例4

　　两周后你与你的团队将再次召开会议。基于过去六个月以来你与同事的互动，你对这次的会议已经有了预期。你不喜欢那些会议上的评判所激发的各种感受、想法和行为，所以你决定在这次会议中使用静默同理的技巧。于是你认真地关注自己的情绪何时被哈罗德或其他人所触发。当你意识到自己的情绪被激发的时候，你便开始使用自我同理，重新感受自己的需要（另一种方法是将注意力集中在会议本身）。你可以用本子记录下那些激发你情绪的言行、你当时的感受以及自己的哪些需要没有被满足。当你重新与自己相连的时候，你就转换到静默同理，去思考是什么触发了他人的情绪、对方的感受是什么、他们想要满足什么需要。在接下来的会议中，你会发现自己又进入自我同理的阶段，然后在发现自己的情绪被触发的时候再进行静默同理。

学习周期：欢庆进步、哀悼受挫

第三章

欢庆与哀悼可以帮助我们跳出指责与惩罚的固有思维，让我们在面对一些不尽如人意的状况时，不再执着于追究谁才是过错方。

我们习惯于追究责任，这种思维已经渗透到了我们的语言中："他没有错。""她别无他法。""他们还能怎样呢？""我是不得已而为之的。"指责和惩罚背后的感受是气愤、抑郁、羞愧和内疚。这些感受都由我们的思维和语言激发而出。我在追究责任、逃避惩罚，继而产生气愤、抑郁、羞愧和内疚的情绪时，很难弄明白到底如何满足自己的需要。我相信其他人也是如此。

我们可以进行欢庆练习与哀悼练习，让自己转而使用学习的思维模式。不论与同事的互动是否让你感到愉悦，你都能用来练习。练习时同事不必在场。你既可以在脑海中静默练习，也可在朋友的帮助下出声练习；可以在感到与同事的互动不畅（或令你愉悦）时立即开始练习，也可以等到感觉更轻松的时候再开始。

沟通中的欢庆与哀悼

如果你享受与同事的一段互动经历，便可以为自己的需要得到满足而欢庆。想想你对这段互动经历有哪些具体的观察？回想起这段互动经历时，你有什么感受？这些感受背后有哪些需要？（这些是事后回忆时要对自己提出的问题，而不是要你回想互动时的感受和需要。）回想的时候要问自己："我的感受是什么？出现这样的感受时，我的哪些需要得到了满足？"从某种程度上来说，欢庆是一种学习方法，让你通过回顾一段互动经历，感受自己的需要得到满足的那一刻。此外，它还可以让你学到在未来遇到相似情景时，你可以如何满足自己的需要。欢庆与需要得到满足息息相关，这也是感恩的核心所在：为自己与他人的言行创造了一个更令你愉悦的世界而感恩。哀悼同样可以让你进入学习模式，与欢庆的唯一不同是，它关注那些互动中没有得到满足的需要。例如，看到大家在办公室里八卦，我感到非常不舒服，却并不清楚这种情绪产生的具体原因。我同样对自己保持沉默而感到不满，但又想不出这时说什么才合适。此时练习哀悼就会十分奏效。我最好即时（或是事后尽可能迅速地）开始体会自己的感受，并思考在回忆整个事件的时候，感到自己的什么需要未能得到满足。这种连接表达了我对未能以合自己心意的方式做出回应而哀悼。当我与未被满足的需要相连接时，我知道自己同时也连接了希望得到满足的需要，并思索了如何去满足它。我可以有意识地进行角色扮演，想象理想的沟通是怎样的，或是与一位学习伙伴一起练习（参见示例5）。

示例5

　　在与同事凯伦交流时，她说："为什么我没看到你负责的那部分内容？你之前说可以按时完成的。"你回击道："我也没看到你和哈罗德负责的部分，你为什么揪着我不放？"最后，凯伦说："我和哈罗德都已经完成了，现在就只差你的了。"

你马上意识到自己心情很糟，于是决定出去走走，练习一下学习周期。你在心里说："一想到凯伦的话，我心里便感到烦躁，因为我需要他们理解和关心我为什么没能完成工作。我对自己做出的回应感到失望，因为我被理解和被对方温柔相待的需要没有得到满足。"

你发现自己难受的原因是这些需要没有被满足，进而想象如果这些需要得到满足之后你会怎样做。此时你感到豁然开朗，压力也得到了释放。之后，你反思当时应该如何回应凯伦："我之所以没有准备好，是因为一直在忙麦格纳的项目，很抱歉我低估了完成这个项目需要花费的时间。我这周之内就可以把我的那部分交给你，这样行吗？"

经历这番思考后，你对自己和凯伦都产生了同理心。

我们再看另一个练习哀悼的例子。同事艾德里安走进办公室时跟你打了招呼，但你并没有理他。之后，你因刚才自己没有回应艾德里安而感到自责："我刚刚对艾德里安太没有礼貌了。"意识到这是对自己做出评判后，你可以利用这个机会练习学习周期，而不是仅仅停留在对自己刚才的反应的评判中。

首先，你可以进行自我同理："我在指责自己没有礼貌时感觉非常糟糕，因为我需要自我关怀。"此时，你关注的是当下的思绪（"我没有礼貌"），并发现有需要没有得到满足。接下来，你可以审视导致自己的负面情绪被激发的想法："我一想到早上自己没有回应艾德里安就觉得很难过。"此外，你发现当时自己的行为（没有回应艾德里安）是为了满足自己同一时刻另外的某些需要。你可以对自己说："当我想起当时没有回应他，是为了满足自己不受打扰地专心工作的需要时，便感到很安心，因为我被理解的需要得到了满足。"

　　自我同理能够让我自己内心的需要先得到满足，然后开始同理对方："我回想起艾德里安当时的脸色，内心便感到不安，我担心他是否感到受伤害或是需要关心。"了解你自己的需要并揣测艾德里安的需要后，你可以思考如何挽救这段互动经历。若你有信心出声使用非暴力沟通技能，那么在下次看到他的时候你就可以问他："我可不可以跟你聊聊？上次你与我打招呼的时候我没有做出回应。"如果他同意，那么你有以下两种策略：出声同理，或是诚恳地表达自己的想法。如果选择出声同理，那么你可以说："那天你和我打招呼时我没有理你，你会不会因此感到受伤害啊？因为你需要得到关心。"如果选择诚恳地表达自己的想法，那么你可以说："我昨天正在思考别的事，所以你跟我打招呼的时候我没有回应你。一想到这儿我就感到不舒服，因为我愿意表达我对你的关心。听我这样说，你有什么感受呢？"

　　你可以根据这次交流的结果进入相应的学习周期——因自己的需要得到满足而欢庆或因自己的需要未得到满足而哀悼。第六章会进一步探讨学习周期，特别是会探讨如何用它来进行职场中的高难度对话。

示例 6

　　几天后，你在楼道里遇到凯伦。看见她的时候你心跳加快，并尝试说出之前练习过的话。当你问凯伦，自己是否可以在这周之内完成工作并把报告交给她时，她说："没问题。如果有什么需要我帮忙的，可以告诉我。"然后你决定再次使用学习周期，并在心里想："回想起凯伦说的话，我就感到自己放松下来了，因为我被理解和支持的需要得到了满足。我也很高兴与她再次谈起这件事，因为这次我找回了掌控感和希望，尽管我不知道她这样说的目的是不是想把这个项目做得更好。"意识到这些需要的存在后，你对自己愿意利用这个机会来学习而感到满意。为了进一步学习，你问自己："我从这一连串的事情中学到了什么？"无论你从中有没有学到十分有价值的东西，至少有一点是可以肯定的，那就是如果下次再遇到类似的情况，你可以更加自信地当场与凯伦进行沟通，而不再需要事先练习。

　　静默练习可以让我们学会很多技能、建立信心，相信无论对方做出什么反应，我们都可以在必要时出声使用非暴力沟通，并以合自己心意的方式回应。我们需要经历几轮学习周期，才能在情绪被激发出来后根据自己真正的需要做出相应的反应。例如，听到远房亲戚讲一些有关种族歧视或黄色的笑话时，我觉得非常反感，这时就可以练习学习周期。在使用哀悼练习后，我相信自己既能以符合自己价值观的方式做出回应，又能与讲笑话的人保持良好的关系。但我必须不断重复这个过程，才能保证在面对这些情景时与自己保持连接。特别是如果一段互动经历，让我们想起自己年幼时所受的伤害，那么就更需要不断重复进行哀悼练习，才能重新与自己连接并出声使用非暴力沟通。

每天练习学习周期

除了在某次互动后花一小段时间进行欢庆或哀悼练习外，我们还建议每天练习学习周期。对我来说，早晨的练习效果最佳，因为此时可以清晰回顾昨天发生的所有事情。当然，练习同样可以在晚上进行，便于回想白天发生的事情。

我个人习惯于早上回想前一天与他人的互动：哪些回应我喜欢，哪些我不喜欢。我会先用观察的语言练习非暴力沟通，审视自己在回忆互动时的感受，然后确认回忆时感到哪些需要得到了满足（以及哪些需要未被满足），最后思考自己是否已明确表达自己的需要。根据当日的情景，我要保证至少对一次互动进行欢庆或哀悼练习。

停下练习

选择最近一次对自己的表现不太满意的互动，你是否认为当时自己可以做得更好？花一点时间进行哀悼练习，思考自己可以采取哪些不同的行动。

每天进行欢庆与哀悼练习有四点好处：提醒自己使用非暴力沟通；运用非暴力沟通的四个要素；由指责和惩罚的思维模式转变为学习的思维模式；每天同理并感恩。我们接下来会对这四方面内容逐一讨论，并借此深化练习。

培养一项新技能的关键是以各种方式提醒自己使用它。因为我们在日常工作生活中，很容易忘记使用非暴力沟通。每天固定练习非暴力沟通可以提醒我们使用这些技能，也让我们更加乐于尝试。如果有朋友可以相互提醒、彼此帮助，对两人都将大有助益。若有人同你在电话里一起进行欢庆与哀悼练习，还会有额外的收获。

每天进行欢庆与哀悼练习时，首先要做的是用观察的语言陈述事情经过。这其实是在练习区分评判和观察，然后在日常生活中将评判转化为观察。这种技能在日复一日的操练下，甚至会成为我们的一种本能。此外，我们表达感受和需要的词汇也会增加。我常常感知到自己的感受，却不能将这种感受清楚地描述出来，或是发现自己的词汇不能完全表达出这种感受。这时我会在非暴力沟通的感受词汇中寻找，一旦找到贴切的感受词汇，我就记住这个词，下次再将它与对应的感受相连。对需要亦如此，确认需要是否得到满足，能够帮助我发现自己常出现的需要模式。描述感受和需要可以加深自己对这些词汇的熟悉程度，最终会让我们在情绪被激发的时候能熟练地找到合适的词汇。

每天练习对我个人来说最大的益处，是改变了原先指责和惩罚的思维模式，让我进入学习周期中。没有与自己连接就去回忆一段痛苦的经历，只会让我进入指责和惩罚的惯性思维模式中。我会为某件事情指责他人或自己，因为这样的思维模式主导了我们的文化，而这种思维模式所关注的是我们不喜欢的、负面的东西。在这种思维模式下，我们看到的是自己不喜欢的东西，将它描述出来并进行评判。例如我对别人没有礼貌的行为感到不满，我要么直接向对方讲出来，要么将这种想法埋在自己的心里，但是如果这样做，我的思维就固定在了"这个人太没有礼貌"的评判中，而不会带来任何有益的改变。然而对自己说"不要指责"不会产生什么效果，但如果我使用哀悼练习并将观察描述出来，如"我不喜欢这个人的做法，因为他这样做没有满足我被尊重的需要"，那么我就能感受到自己被尊重的需要。如此一来，我的思维发生了转变，此时我考虑的将是怎样才能满足自己被尊重的需要。我可以直接将对别人的不满说出来，或者从根本上意识到，也许我对对方的行为的解读与对方实际想表达的不一样。无论怎样，我的观点发生了改变，进而带来了行为上的改变。我只要不断练习，假以时日，指责的思维模式就会渐渐转变为学习的思维模式。

每日进行哀悼与欢庆练习的最后一个好处，就是能够让你感觉到愉悦。探询感受和需要其实就是在同理自己。对我来说，这常常会带来一种甜蜜的哀悼感，让我对自己和他人产生同理心。如果练习的情景涉及他人的行为，这样的练习最终会让我对其产生感激之情。我通常会再次联系对方，并找机会表达我的感激。对方接受我的感激，而我也收到了对方的反馈，这对我们双方都大有裨益。

如果同事间能够组成小组，固定在某一时间进行哀悼和欢庆练习，哪怕仅仅练习几分钟，都可以释放压力，避免过度疲劳。我一直在职场中这样做，用这种方法与同事互动，并和同事在固定的时间进行欢庆与哀悼练习。如果你觉得与同事直接交流这些观念多有不便，那么可以在不经意间将这样的互动方式引入你们的交流中，并且这时要将重点放在欢庆上。当情绪被激发的时候，哪怕是很小的情绪变化，都要花几分钟的时间当众承认它，并为此进行欢庆练习。一段时间之后，你会发现无须向你的同事们正式介绍非暴力沟通，他们也会模仿你的行为。

停下练习

　　回想最近工作中一件让你高兴的事，无论多小的一件事都可以，你会怎样与同事一同庆祝？

练习：建立自信、培养能力

第四章

掌握新的沟通技能需要不断练习，但我们常常忘记这一点。我们自以为不用经过时间的打磨，就能很快地使用新的沟通技能；只要理解了这个技能，就能轻松地掌握它。可实际上，从我们理解一个概念到身体力行地运用它之间还有很长的距离。我们在熟练掌握新事物之前都要经历一个过程，非暴力沟通尤其如此，尤其是学习如何在职场中应用非暴力沟通时，更应牢记这一点。长期以来，我们在职场生活中已经形成了一套惯有的行为方式，从进入学习周期过渡到熟练掌握这项技能的关键就是练习。本章将探讨练习的内容、时间以及练习伙伴，目的是让我们能熟练地静默使用非暴力沟通，最终能够在职场中开始出声使用它。

练习静默使用非暴力沟通的技能

自我同理和静默同理最大的好处就是能够随时随地练习。我认为，上班途中就是练习的最佳时机之一，比如驾车上班的路上可能会遇到很多激发我们情绪的事情，我们完全可以利用这段时间练习重新与自己的需要相连，并揣测其他像我们一样的司机的需要是什么；或在超市排队付款或是等待客服电话的这段时间也可以用来练习；我们还可以利用一些容易被浪费的琐碎时间（例如到复印机旁复印文件、等候对方接听电话时）来练习自我同理。练习得越多，我们就会越快、越轻松地随时（包括情绪被激发的时候）发现自己的需要，并与之重新连接。

停下练习

　　找出每天都会重复做多次的 5 件事，并提醒自己利用这段时间进行静默同理练习。

　　看电视、读报或听新闻时也是理想的练习时间。我定时收听国际新闻广播，左翼和右翼两方的观点我都会关注。如果新闻里的内容激发了我的情绪，我就会关掉收音机，然后开始自我同理。有时我边开车边听新闻，当听到与我持完全不同政见的人发表观点时，我甚至会把车停到路边，进行同理练习。通过自我同理和静默同理练习，我能推测自己的情绪被新闻激发的时候，有哪些需要没有被满足，然后再与这些需要重新连接。

练习出声使用非暴力沟通的技能

　　与他人一同练习出声使用非暴力沟通技能，能够让你立刻看到对方的反应，并对此做出回应。但如何选择练习伙伴至关重要，因为这个人能够决定接下来是继续练习还是半途而废。

　　我将人际关系比作三个同心圆。最里面的圆圈代表的是互动最频繁、最亲密的人。最里面的圆圈所包含的每个人的具体关系不尽相同，有亲密伴侣，有家庭成员，甚至有的仅仅是工作中紧密合作的同事。一旦你的沟通方式发生改变，这些人会最先感受到这种变化，因为他们是最熟悉你的人。最外面的圆圈中是与你有过交流但彼此不了解的人，可能双方仅有过初次交往，甚至很可能不会再联系。这类人包括推销员、出租车司机、电话客服等等。中间的圆圈中是与你有一定的互动，但关系并不亲密的人，所以改变原有的沟通方式可能只会引起他们的注意，他们不一定会产生过多的感受。对很多人来说，同事便处于中间这个圆圈中。

我建议你从最里面和最外面两个圆圈中，找人开始练习出声使用非暴力沟通，但对这两个圆圈中的人的方式有所不同。在刚开始练习的时候，建议你对中间圆圈中的人仍使用静默练习。

你最容易入手练习的是最外面圆圈中的人。由于从未与你进行过互动，所以他们对你的沟通模式没有任何预期。他们或许会对你的沟通方式感到奇怪，但与熟知你交流模式的人相比，他们不会认为你改变后的交流模式有什么奇怪的。其实，我从来没有听到过这个圈子内的人评判我谈话方式怪异，或惊诧于我的言行。你完全可以选择餐馆服务员、保洁员等开始练习。你之前不认识他们，而且今后也很难再见到他们甚至与之建立长期的关系。如果你觉得与初次交往的人做这样的练习，让你很愉快，那么就可以同职场中的新同事、刚认识的朋友或其他未来可能会建立长期关系的人进行练习了。

与最里面圆圈中的人练习时，他们很快会发现你的沟通模式发生了改变。我认为在与这类人沟通前，最好事先征得他们的同意，因为未达成共识就改变沟通方式可能并不会产生好的效果。职场中与你最亲密的人是那些最令你有安全感的同事，使用新的沟通方式与他们交流会让你觉得如鱼得水。如果你希望在家或职场中使用新的沟通方式，一定要让对方提前知道你的想法，并简单地介绍一下这种新的沟通方式（如果他们对这种方式一无所知的话）。双方很有必要在练习前达成一致。

就练习非暴力沟通技能达成共识

在同最里面圆圈中的人练习前，你可以直接告诉对方："我最近对非暴力沟通非常感兴趣，想更多地使用这种技能，所以我说话的方式可能会有所改变。如果你对我的言语感到不适，请立刻告诉我。我希望即刻听到你的反馈，并一起探讨如何改进。"如果对方同意，你们便可以开始练习了。事先达成共识能够鼓励对方在感到不适时立即表达出来，也可减少对方对表达负面情绪的担忧。

对你而言，双方事先不仅达成了共识，还承诺在感到不适时立即表达出来，因此当对方表达自己对这段对话产生了不适的感受时，你不会将这种表达视为对方对自己的批评，反而很乐意倾听对方的意见。此外，这样的共识还会让对方在交流中或交流结束后表达出对新沟通方式的正面感受，即便之前你没有明确地提出这样的要求。

停下练习

你希望与最里面圆圈中的谁达成练习的共识呢？试着练习向对方提出你的请求。

没有达成共识便直接开始练习的风险

之所以强调要在与最亲近的人练习前达成共识，是因为我曾有一段因没有做到这一点而惨遭失败的经历。没有与最亲密的同事或家人达成共识，会给练习造成很多困难。我刚开始学习非暴力沟通的时候，迫切地希望将这种技能用到我的生活中，而那时我女儿正值青春期。有一次，我开车送她和妻子回家。路上，我问女儿对某件事的感受。她说："我没有什么感受、需要或请求，赶紧继续开车吧。"

在那段日子里，我同女儿和两个儿子的交流，使他们感到我的表达前后不一。非暴力沟通让我意识到自己应该表达同理心，但我并没有如自己所愿的那样始终如一。他们常常会看到"过去的我"，所以在他们眼里，我的言谈举止仍是在论断和命令。即使我已使用新的沟通方式，也避免不了如此。他们需要的是真诚、信任、稳定的沟通方式，但我没有满足他们的这一需要。

当女儿说"我没有什么感受、需要或请求，赶紧继续开车吧"的时候，我感到困惑和不舒服，因此我首先要做的就是进行自我同理。我渴望同女儿建立连接，而且希望她能明白我的初衷和对她的关爱。在感受到自己的需要后，我了解了她反感我的表现的原因，之后再用言语表达出来。她的需要可能是真诚和信任，她希望我可以始终如一地表达非暴力沟通中的需要而不是提出要求。

在当时的情境下，规范的同理式回应是："你感到烦躁，是因为你希望我的沟通模式能够始终如一还是希望我们彼此的交流更加真诚？"但这样的言语可能会更刺激她。因此我要将这段话转换为她更容易接受的语言，把重点放在了她的需要上："你是不是担心这种说话方式不能让我真正同理到你？"或"你是不是希望我们的谈话更轻松些？"假设我当时先不考虑自己和妻子的需要的话，那么我可以对她说："你是不是想让我们的沟通变得更容易些？"或是"你是不是想换一种方式说话，好让我们的交流更轻松？"

另一个方式就是表达自己的反应："你说你没有感觉、需要和请求的时候，我感到非常挫败。因为我希望能够与你交流，表达我对你的关心和支持。听我说完这些之后，你有什么感受？"或者我可以直接说出自己的需要："你愿不愿意花五分钟告诉我，你认为我们怎样交流才能让对方听明白自己想表达的意思？"

我第一次在职场中使用非暴力沟通的时候，也遇到了相似的情况。我那时是一家律师事务所的创始人之一，也是合伙人。我最初对非暴力沟通感兴趣，是因为想突破办公室中那个被我称为"两球碰撞"的沟通困境。"两球碰撞"式沟通困境是指两个人发生冲突，随后两个人一连几天甚至几周进入冷战状态，除非迫不得已，否则彼此不再交流。我想大家应该都有过相似的经历。冲突双方在办公室互不理睬，与其他同事讲述起因经过时，都希望他们能站在自己一方。我之所以将其称为"两球碰撞"，是因为冲突双方都想通过其他同事，把自己希望表达的信息"反弹"给对方。

身为经理，我尝试过两个解决方案：一是否定，这也是我最常用的沟通方式。我逃避现实，幻想冲突能够自行解决。因为我发现以我个人的能力来化解冲突希望渺茫，所以自然而然便产生了这样的解决方案。

但有时冲突会影响到公司给客户留下的印象，所以第二个解决方案是我把冲突双方叫在一起，试图让他们再次沟通以协调彼此间的矛盾。然而每次这样做都只会更加激化矛盾，把事情越搞越糟。我没有解决纠纷的技能，所以只能强行让双方和好。此举加上我公司创始人和管理者的身份，结果无异于在这个矛盾上火上浇油。这样不仅让他们对我心存不满，还加深了他们之间的矛盾。现在回想起来，他们可能会因为我没有同理他们而感到难过。最后，冲突双方不但被彼此间的冲突伤害，还因被我同理的需要没有被满足而备感受伤。除此之外，由于他们担心我的反应会影响他们的职业生涯，因此他们内心的不安全感也会被激发出来。

当我开始在律师事务所使用非暴力沟通时，最后悔的一件事就是事先没有与关系最紧密的同事达成共识。直到快要辞去律师事务所的职务时，我才开始尝试这样的行为。比如，我请同事监督我平时与他们的沟通，一旦发现我在观察中混入了评判，就立刻提醒我。如果换作此前，我们没有达成这个协议的时候，要是有人指出我沟通中的问题，我会本能地表达出自己需要对方的尊重。而当听到事前和我有协议的人说"你刚才又做评判了"时，我会自然而然地将这句话解读为他们有被理解的需要，而不是对我的批评了。

学习提出正面肯定、切实可行、针对当下意愿的请求时，我们也需要他人的帮助。我常常让同事帮助我明确提出一些既能满足我的需要，对他们来说又切实可行的请求。以前，我也会不时描述在心中想象的请求实现后的理想状态是什么。我希望自己不用向对方提出请求，就能梦想成真——这是在让别人思考如何实现我的梦想。可从另一方面来讲，其实是因为我不清楚自己希望对方做什么。我不愿冒险把自己的期待直接表达出来，而是向对方描述我的梦想，且期望他们从中知道我的需要并满足它。在看到自己和别人一次次重复这样的经历后，我逐渐坚信了这句格言："唯有道出心中所求，方能如愿以偿。"

希望别人实现我的梦想与提出请求有何区别呢？告诉别人自己需要帮助并说"您能不能帮我"，就是希望别人能实现我的梦想，而不是提出请求。如果事情发生在两个熟识的同事之间，他们彼此或许会知道如何"帮助"对方。但是通常情况下，即使我们知道自己需要帮助，而且愿意寻求别人的帮助，也很难用言语清楚地表达希望别人如何在他力所能及的范围内帮我（切实可行）、现在我希望他们做什么（当下的意愿）以及我希望他们做什么而不是不要做什么（正面）。最后要确定自己提出的是请求，而非命令。

达成共识的方法

或许此时你已经与关系亲近的人达成共识，他们准备好了改变沟通模式，并且同意成为你的练习伙伴，甚至他们也参加过非暴力沟通工作坊，且正练习如何将非暴力沟通应用到自己的生活中。除了协商一起练习非暴力沟通外，双方还可以就细节达成更具体的共识。

意识承诺

在非暴力沟通的四个要素中，每一项都有其相应的对立面：观察——评判，感受——伪装成感受的评判，需要——策略，请求——命令。你可以与身边的人互相约定、彼此帮助，以便双方能清晰准确地理解这几对概念的区别。或者你可以找一位你信任的人，让其在你做出评判的时候及时提醒你。这样就能够帮助你在自己使用了评判的语言时意识到，进而放弃评判，改为观察。再举个例子，我与一个同事就请求和命令这两个概念事前做了一系列的讨论和约定。我们首先互相分享了彼此对两个概念的理解，并明确约定只回应对方提出的请求。如果你认为对方向你发出的是命令而非请求，那么你就不需对此做出回应。但如果你为了避免被惩罚、批评或担心会感到内疚和羞愧，而将对方的请求理解为命令，那也是不对的。

我明确地向公司所有行政岗位的同事做出了意识承诺，即使对那些仅为我提供某项特定服务的同事也是如此。因为对我来说，布置一项工作是向员工提出请求，而不是发布命令。我也不会认为同事完成我布置的工作是理所当然的，真实的职场正是如此。如果同事是勉强完成我布置的工作，而不是心甘情愿地去做，终将产生恶果。所谓恶果，可能是同事辞职、工作质量较差或是给同事间的合作关系造成负面影响。在很多情况下，如果我在员工拒绝完成我布置给他们的工作时，愿意给予他们同理和了解，我就能从中学到许多宝贵的东西。

实际上，双方对这两个概念无须有完全相同的理解。只要其中一方明确其中的区别，并确保不向对方发出命令，那么这个承诺仍然有效。在这种情况下，你可以说："我正在学习一种叫非暴力沟通的交流方式，它有利于改善我与人互动的方式。如果我向你提出请求的时候，你觉得是在发布命令，就请你告诉我。所谓命令就是，我强制性要求你完成某一件事；如果你没有完成我布置的任务，可能会受到惩罚或感到羞愧和内疚。一旦你有这样的感受，请告诉我，好吗？"

职场生活中，可以使用意识承诺的机会很多。例如我向同事提出一个请求，几番交涉后他们最终同意了这个请求。这时我可以审视自己，再对同事说："我想再次确认，你们同意完成这项工作是否仅仅是因为要完成上级的命令？"这时，对方有机会回想，弄清楚他们对自己的感受以及是否将我的请求解读成了命令。我同时也有机会思考（特别是当我对两者间的区别并不清楚的时候）自己是否真的只是在向他们提出请求，还是其中仍有命令的成分在。

提醒承诺

另一种可以辅助我们学习的方式就是提醒承诺。我们尝试在生活中使用新的价值观和沟通技能，但事实上，当情绪被触发时，我们极有可能仍会按固有的行为模式做出习惯性反应。正是因为我们知道会有这样的情形发生，所以我们需要提醒承诺。我们与亲近的人做出提醒承诺，就是给予了他们一种权利，让他们在看到我们的行为不符合此前的约定时，有权提醒我们将行为更正为既定的模式。

我现在就固定与同事建立起了提醒承诺。我还想给大家举一个我与女儿执行提醒承诺的例子，因为对我们来说这次经历有不同寻常的意义，也反映了在职场中要建立的提醒承诺的架构和目的。

从女儿 15 岁时起，我们就开始练习提醒承诺。我已经意识到，在生活中我通常是以权力和地位来命令对方，这让我与妻儿的互动尤为困难。后来我发现可以先从不使用自己的权力开始，然而在这样的情境下我的情绪很容易被激发，完全忘记了自己改变行为方式的初衷。我甚至都没有意识到自己已经忘记了初衷，而是以我多年做辩护律师的经验，运用权力迫使别人达成我的目的。

于是，我与女儿约定，当她感受到我运用权力向对方施压时，她可以问我："爸爸，这是你想要的人生吗？"这个问题是在我与女儿讨论如何建立承诺的时候想到的。就承诺而言，重要的是双方事先想好一个具体的问题。这个问题就像是一个钩子，能让你想起建立提醒承诺的初衷。

一次晚饭时，女儿行使了她的权利。我正在同当时 17 岁的儿子聊天，我不记得交流的具体主题了，但儿子表现出渴望独立和被尊重的需要。他有自己的主张，而且需要被同理。当时我的情绪被激发了，我希望儿子服从我，于是我们的沟通演变成典型的父子间的冲突，局势几乎完全失控。这时女儿突然打断我说："爸爸，这是你想要的人生吗？"

这时我记起了我俩之间的约定，但对她的提问感到很恼火。但因为是我要求她这么做的，所以我不能因为女儿这么做而责难她，于是我只好带着情绪又回到与儿子的交流中。这时女儿再一次打断我说："爸爸，这是你想要的人生吗？"我依旧感到恼火，但还是继续与儿子交流，只不过这次与第一次相比，我的情绪已经有了些许改变。此时女儿第三次打断了我，这次我才被这个问题真正触动了，我感到自己的喉咙似乎被什么东西卡住了。

我转向儿子，对他说："其实我的本意并不是这样。我不知道现在该怎么做，我想离开一会儿，因为我现在没有办法用自己希望的模式与你沟通。我很快就回来，请你给我一点时间。"然后我到楼上待了一会儿，直到晚饭后情绪才平复。

接下来是在职场中使用提醒承诺的例子。我的职场生涯中有很多年都是在法庭上度过的。我曾经参与一些案子的前期工作，为原告或被告服务。当时，我有一位客户是案件的原告，名叫乔·布朗。我在与客户一同为开庭做准备的过程中，已经习惯叫他"乔"。到了正式开庭那天，法官在第一次休庭且陪审团离开法庭的时候，告诉我不要在庭审的时候称呼原告为"乔"，因为这样做会显得我与原告关系甚密，会让陪审团对我们产生偏见，从而影响他们的判断。相比之下，被告的辩护律师严格遵守法庭礼仪，规矩地称原告为"布朗先生"。我同意此后也称原告为"布朗先生"，然后继续参加庭审。到了再一次休庭的时候，法官又一次提醒我不要用"乔"来称呼当事人，而我根本没有意识到自己又犯了同样的错误。到了第三次休庭时，法官再次告诉我（没有当着陪审团的面），如果我继续叫原告"乔"，将会被视作藐视法庭。

我当时感到非常沮丧，因为我不知道如何才能改正错误。我告诉法官我并没有意识到自己在称呼客户为"乔"，并表达了若法官听到我再犯同样的错误时提醒我的想法。法官告诉我，他不会当着陪审团的面那样做，以免给陪审团造成误解。我也告诉客户，如果他再听到我直呼其为"乔"，就可以清一清嗓子提醒我。客户同意了。随后陪审团回到法庭，我们再次开庭。我在随后提问的过程中，听到乔清了下嗓子，于是我立刻更正对他的称谓。几番修正之后，我便能顺利控制自己，在说话前有意识地提醒自己按法官的要求称呼客户。

停下练习

　　思考在练习的时候，哪种约定的方式对自己更为有效（意识承诺还是提醒承诺）。

留出足够的时间

　　从上面的几个例子中我们可以看到，练习中特别重要的一步就是要明白学习的过程不会一帆风顺。有时你的反应不能如你所愿，或是不能达成自己的目的，这时你就需要花时间反思。在职场中发生争执时，我们的最佳选择就是暂时离开争执现场，给自己同理的时间，重新与需要连接（参见示例 7）。之后，我们才有可能以合适的方式重新沟通。

　　你可以直接明确地表达自己需要独处的时间来应对这些情况。如果别人提出这样的需要，我希望他说这样做是因为他无法在当下的情境中做出符合自己价值观的反应，或是说自己希望离开一会儿，很快会回来，这样能够给自己留出空间从而做出合乎心意的互动。例如你可以说："抱歉，我需要休息一会儿。我现在有些激动，无法做出适宜的反馈。在我情绪稳定后，我会回来的。"要注意，重点是说这番话的人要表达出什么是他目前能够做的以及什么是他目前做不了的。我们不要去猜测对方此时需要独处的原因。你甚至可以说："我现在需要独处跟别人没关系，只是因为我需要先搞定自己。"

当然，我们也可以说："抱歉，我想去趟洗手间。"我做调解员时，在法庭仲裁的过程中就用过这个借口。你也可以进一步解释离开的原因，但如果你的情绪激动，"去趟洗手间"可能是离开的最好借口。

示例7

你和哈罗德正为如何最好地开展新项目的话题争论得不可开交。当你发现自己越来越气愤、音量越来越高的时候，你意识到自己没有做出合乎心意的反应。此时如果不花时间与自己的需要相连，你就无法以适宜的方式与他继续交流下去。于是你深吸了一口气，对哈罗德说："我现在没有办法清楚地分析当下的情形，也不能以合乎自己心意的方式与你沟通。我需要一些时间再想想。我们午饭后再来讨论吧。"然而哈罗德仍沉浸在这段激烈的讨论中，继续讲他的观点。于是你打断他说："对不起，哈罗德，我真的需要休息，我现在无法与你坦诚沟通。我想独处一会儿，午饭后我们再继续讨论好吗？"然后你找到了一个安静的地方开始自我同理。

停下练习

制作一份"练习计划"，在计划中明确指出每天练习的具体内容、提醒自己的方式、需要参与的人。

强有力的请求：表达你想要的

第五章

在职场和生活中，我们很多时候会因自己的需要没得到满足而感到失落、不满。而自身需要得不到满足的根源在于我们并未有效地向他人表达自己想要什么。有些人总是担心一旦表达出自己真实想要的，自己的弱点就会随之暴露无遗。此外，我们的社会文化也没有教会我们如何有效地提出请求。

请求不清晰的典型模式

练习如何提出请求的时候，我发现了两个阻碍清晰表达请求的原因：一个是自我修改（self-editing），一个是自以为已经提出了请求可实际上并没有。

自我修改是指在思考自己真正的需要时脑海中的自言自语："我真希望他能提前告诉我需要规划新项目，这样我也好提前做准备。但他总是临时通知，这个习惯一直没变。但是即使他提前告诉我，我还是要放下手头的事情，挤时间来配合他。既然如此，那我何苦再为这事烦恼呢？"于是我得出结论：自己的这个需要不可能被满足，而且提出这个需要也许还会影响我们的关系。因此，我甚至都不会向他开这个口。诸如此类自我修改的经历，想必大家也都有过。当我们意识到自己在自我修改时，背后其实有一个非常强烈的信念，即对他人、整个情境甚至对自己存在着前设观念。一旦我们有了这种意识，就能重新审视这个观念，分析其背后的需要，并自问能否通过提出请求来印证这个观念。（这特别需要一个例子予以说明。）

　　另一个阻碍是本以为自己已经提出了一个请求，但分析之后才发现，其实并未说清自己想要的东西。例如，我可能会把自己的一个梦想告诉别人，这个梦想是我希望自己在生活中能够拥有某样东西。与之相关的可能是一个请求：希望对方听到我的梦想，并且做出切实的回应。对方或许会正确地解读这个请求并做出令我满足的回应。但更常见的情况是，我没有清楚陈述自己的请求，因此也就不会得到自己想要的东西。一旦没有得到自己想要的东西，我往往会责备对方。之后仔细反思这个互动过程，我才会发现其实自己并未将自己的请求清楚地表达出来。夫妻间常常会说"你知道我说的是什么意思"，我的太太就经常会这样说。事实上，要想实现自己的愿望，最好直接清楚地将它表达出来，而不能光指望对方正确地猜测出你的需要，因为这样多半会令你失望。

什么是清晰的请求

　　为提出请求而组织语言的过程让我进一步明确了自己的需要。提出请求前要先明白这个请求在实现自己的哪些需要。一位老师曾说，一个头脑清晰的人会让他周围人的思路也跟着清晰起来。事实是，一个人越明白自己的需要，其请求就会越清晰，对方也越清楚应该如何做出回应。

　　理清思路还能够避免抱怨，让人较少产生无望和无助感。这与我们的大脑运作有关。如果你将某个需要告诉大脑，大脑便会开始自动扫描所有可以满足需要的途径和技巧。例如，我希望自己的人生能够有所成就。我意识到了这个需要，却没有用合自己心意的方式实现它，因而为此感到忧伤。我转而开始反思自己的人生，可大脑潜意识里仍在寻找机会，试图满足自己对有所成就的需要。因此，弄清楚需要并不意味着能够满足需要。通过哀悼练习，你可以清楚地知道哪些需要没有得到满足并及时与之相连。如此一来，大脑便有能力寻找满足需要的途径，而不是被困在自己的需要得不到满足的沮丧状态里。

　　在表达自己的需要和请求前理清思路有很多益处，比如可以满足自己被同理的需要，也能让自己的语言更加精炼。明确需要的过程其实就是自我同理的过程。我们在前几章中已经探讨过，当被同理的需要得到满足后，你的精力会发生改变（相信现在你在练习中已经有所体会了）。如果你清楚地知道自己的需要，就能用简洁的语言将你的请求表述出来，加上这时你的精力已经因为得到同理而释放了出来，如此一来，对方就更可能如你所愿地满足你的请求。这也就是说，对方不会误读你的请求而且明确了你请求背后的需要。

构成清晰请求的元素

　　在非暴力沟通中，请求有三个特征和一个关键性标志。请求的三个特征是可完成、针对当下的意愿和语言正面。请求的关键性标志即是请求而不是命令。请求不包含任何身体上或情绪上的勒索和压力，即使请求对应的需要不被满足，也不会产生任何负面的后果。

停下练习

　　回想一次别人拒绝你的请求的经历。你的这个请求需要满足什么需要？之后，试着与这些需要相连。观察自己思考方式和精力的改变是否会改变此前所表达的请求？

请求与命令

　　请求与命令的区别在于目的不同。同样的词汇既可以用来表述请求，也可以用来表述命令，那么我们应该怎么区分它们的使用呢？如果用命令的语气与对方沟通，那么我们发出的就不是请求。如果是请求，那就意味着对方有权拒绝，而且无论是当时还是将来都不会产生负面的后果。

　　在提出请求前，思考自己要提的到底是请求还是命令。只有在听到对方拒绝时，答案才会揭晓：如果对方拒绝我，我会惩罚他或是同样也拒绝他向我提出的请求，那么我就是在命令对方。命令的一个重要标志就是：如果对方没有满足我们，我们便试图让对方感到羞愧、内疚或忧愁（参见示例 8）。

　　即使我们清楚自己传达的是请求，对方也仍可能会将这个请求解读为命令。因为你无法控制对方解读你们之间的互动，你能控制的只有自己的目的和行为，即你的言行。如果对方将你的请求理解为命令，你所能做的就是在重新与自己连接之后，同理对方，或是直接表达自己的感受。你可以先通过对方的话语猜测对方的需要（或者是对方的感受），然后据此重新向其提出你的请求。你还可以先表达清楚自己的感受，让对方确信你是在提出请求而非命令。你也可以告诉对方，在他自己的需要得到满足之前，无须勉强自己同意你的请求。你也可以将这两种方式结合起来：先同理，再表达感受，然后重新提出你的请求。

同样地，如果你是接受请求的一方，那么你也可以选择将对方提出的命令视为请求。要做到这一点，首先必须进行自我同理，然后静默地猜测对方的需要。准备好后，你可以决定是否接受对方发出的命令。若接受，要确信你这样决定是为了满足自己的需要。你也可以出声使用非暴力沟通来同理对方，告诉对方他提出的是命令，并且不能使你的需要得到满足。

示例 8

一段时间以来，你希望在新项目中承担更多的职责。于是你决定向麦格纳提出一个请求。可当你向她说出自己的请求后，她却说："现在不行，这件事情过些日子再商量吧。"你气愤地想："她本可以同意我的请求的！她看不出我做好接受挑战的准备了吗？哼，等她下次有事求我时，有她好受的！"当你有了这些想法后，你才发现刚才自己提出的不是请求，而是命令。于是你开始进行自我同理，然后与自己未被满足的需要相连。同时你也静默同理麦格纳的需要，并思考她有哪些需要因为拒绝我的请求而得到了满足。

提出可完成的请求

提出一个可完成的请求并不简单。事实上，很多时候我们的请求对方并不能实现。如上级对下属说："不要觉得每件事都是针对你的！"这个请求听上去合情合理，但对方却无法实现。因为这个请求中缺少了一个关键的信息：请求中有什么具体行为能够满足上级的需要？相比之下，"下次项目会议上对你的工作进行反馈的时候，你能否谈一下自己对资料的理解，再做出回应？"这个请求就是可达成的。因为这个请求描述了一个具体的行为，而下属认为这个行为能够满足他期待上级高效工作与合作的需要。而下面列举的是一些不具可行性的请求：

- 你能不能理性一点？
- 我希望你能更多地为别人考虑。
- 你能不能对我表示感激？
- 我希望你喜欢这个决定。
- 你能不能开心点？
- 你能不能更深地融入团队？
- 你可不可以放下过去的事情？

用正面的语言提出请求

用正面的语言提出请求是指我们要正面陈述自己想要的东西，而非从反面说什么是我们不想要的。马歇尔·卢森堡用一个故事给我们阐释了这个道理。故事里，妻子抱怨丈夫每天很晚才从办公室回来，到家的时候孩子们都已经睡了。有一天妻子对丈夫说："你可不可以别在办公室待这么久？"说完她转身就走了。结果第二周，丈夫告诉妻子，他报名参加了一个高尔夫巡回赛，这样他就不会老在办公室里待着了。出乎丈夫意料的是，妻子听后勃然大怒。其实，下面这种表达方式会更清晰且准确地表达出妻子对丈夫的请求："你愿不愿意一周至少有 4 天能在 6 点以前回家，陪孩子们吃晚饭？"（示例 9 即为用正面的语言提出请求的例子。）

通常，我们提出请求是因为其他人的行为或语言没有满足我们的需要。假设你和同事起了争执，而你觉得同事的音量过高，你的第一个反应可能是："你可不可以别大声嚷嚷？"这又是一个只陈述你不希望得到什么的例子——你不喜欢对方吵闹。在这种情况下，你想要的是什么呢？可能你的请求是："你可不可以将自己的音量调整到与我一致？"或者"你可不可以安静一会儿？"如果你意识到自己在陈述自己不想要的东西，那么请你花一分钟的时间将其转换为你想得到的东西或许会有更好的效果。

示例 9

　　你和凯伦一起负责一个新的项目。你认为她把所有好做的工作都留给了她自己，而把那些琐碎恼人的工作都推给了你。于是，你在明确了自己的需要后决定跟她好好沟通一番。你心想："我希望她的安排能够更加合理，不要再把好做的工作只留给她自己！"然后你发现这样的请求不可行，因为你表述的还是你不想要的，而不是你想要的。于是你重新与自己希望被尊重以及想做更有意思的工作的需要相连，并重新组织语言。当你真正同凯伦交流的时候，你会说："你今天愿不愿意找时间和我坐下来一起商量怎么分工会更合适？我希望咱们两个人都对新项目的任务感兴趣且满意。"凯伦同意了你的请求。

询问当下的意愿

我们所说的请求都是针对当下未满足却希望得到满足的需要的。然而很多时候，我们表达自己的请求时所使用的措辞并非如此。通常情况下，只要我们自己知道请求是就当下情况而言的，就不会有问题。例如我们说："我们周三共进午餐好吗？"或是"你周五下午五点前可不可以把报告交给我？"这两个请求的区别在于我们是希望对方未来完成某件事情，还是询问对方当下是否同意在将来某一时间前完成某件事情。我们可以使用同样的语言和表述方式，但心里要清楚我们询问的是对方当下的意见。用现在时态表述刚才的请求就是："你现在是否愿意周三同我共进午餐？"或是"你现在觉得周五下午五点前可不可以把报告交给我？"

也许两种表述方式看上去区别不大，但明确请求是询问对方此时此刻的意愿至关重要。如果自己和对方都不清楚请求是询问当下的意愿，还是对未来行为的承诺，那么我们会发现沟通双方对这个请求的理解不尽相同。这就会导致将来要履行承诺时可能出现分歧。我们知道生活中的许多事情即使事先做好计划，也可能会有各种变数。我非常愿意与朋友周三一起午餐，但不能完全保证周三当天一定可以实现。很多事情可能让我无法抽身，比如遇到自然灾害、个人或家中出现紧急情况，甚至是一些突然发生的小事都可能让我无法赴约。如果严格按照字面意思理解，让人答应或承诺周五下午五点前给你报告，其实是让对方承诺一件他自己也没有能力确保一定会实现的事情。然而，我们一直以来都这样做，而且通常情况下没有出现问题。但如果对方不信任你提出这样的请求背后的动机，那就肯定会出现问题。这种不信任可能是因为对方认为自己是处于弱势的一方，不能实现承诺就会受到惩罚，或是双方曾经有过某种冲突导致无法彼此信任。遇到这种情况时，最关键的是你自己要清楚这两种表述的区别，并且准确选择能够清楚描述请求的言语来表达。

停下练习

　　回忆你曾向别人提出的一个请求。调整这个请求，使它具有可完成性，确定询问的是对方当下的意愿，并用正面的语言去表述它。

　　在练习如何提出请求的时候，我会在脑海中首先将询问当下意愿这一特征表述得非常清楚："你现在是否同意周三中午和我一起吃饭？"之后我可能还是会说："你愿不愿意周三和我一起吃午饭？"静默练习帮助我明确我并不是要求或命令他届时出席，而是问他现在对未来将发生的事情的看法和决定。

　　在开始练习为提出请求而组织语言的时候，我们可以记住一个通用的短语"你现在是否愿意告诉我……"，并且习惯用它作为提出的请求的开头。如此一来，我们就会用肯定的正面语言提出表达当下意愿的、可完成的请求。有时若甚至我对自己的请求都不明确，这个时候就可以用"你现在是否愿意告诉我……"来开头，然后再视当下情境补充适当的词语。

请求的类型

请求可分为三类，即一个行动请求和两个过程请求。

行动请求

行动请求需要他人或自己行动。下面是几个例子：

- 你可不可以给我一杯水？
- 你可不可以把报告交给我？
- 你可不可以给我权力来启动这个项目？
- 你愿不愿意在这个项目上帮我，完成这几件事情？

以上这些请求如果得以实现，你的需要就得到满足了。

过程请求

过程请求分为两个类型：一是询问对方，他们听到你说了什么内容；二是让他们告诉你，他们听后的感受是什么。这两者都是正面请求，之所以将它们分为不同的两类，是因为在应用它们的过程中会引出不同的行动请求，而这也是沟通的重点所在。

当你问对方听完你的话语感觉如何时，其实你是在衡量彼此间的沟通质量。对方的回答会让你知道，自己此前所述是否满足了对方的需要。如果对方说"听完你的话我感到非常烦躁"，那么你就可以知道在这次沟通中他的需要没有得到满足，下次沟通时就需要改进。相反，如果对方真诚地说听完你的话之后感到很受鼓舞，那么你就可以安心地继续对话。询问对方的感受时，对方常常会告诉你他的想法，而你可以据此判断双方交流的质量，并决定如何将对话继续下去。

停下练习

　　思考如何在即将开始的交流中提出过程请求。

　　通过询问对方自己刚才说了什么，可以检验他是否真正接收了你想传达的信息。在每天的交流中，我们经常问对方是否理解我们的话语。问题就在于即使对方认为已经理解了，我们也无法验证他们是否真正明白我们的意图。也许他们理解的与我们希望他们听到的大相径庭。因此练习让对方复述你刚刚所说的话，你也复述对方的话，能够让你确信双方都明白了彼此的意思。同时，这个练习也能够让我们发现双方的误解所在。

示例 10

　　你在和凯伦讨论分工时，首先表达了自己的顾虑："我很希望在工作中能够有兴奋感，希望工作能激发我的兴趣，而这个项目让我特别感兴趣。我想你和团队其他成员也是这么想的。因此我想找一个方法，让我们每一个人都去做项目中自己认为有价值的部分。"说完这些后，你想知道凯伦是否理解你的意思，因此你最后提出过程请求："不知道听完我说的这些，你有什么感受？"

数据收集请求

还有一类行动请求在职场中极为有用，那就是数据收集请求，它是用来了解对方反馈的。如果我们需要收集更多的信息来提出一个清晰的请求，或是请求与对方的某种行为有关，那么就可以使用数据收集请求。在与同事持续的互动中，一方可能会不喜欢另一方的某种行为。面对这种情形，我们可能会直接说："就是你做事的方式有问题。"性格直率的人也可能会说："具体的我也说不清楚，但你看上去无礼且伤人。"但是这些陈述没有用具体的事例来解释说明我们观察的结果，因此无法让对方明白具体所指。提出数据收集请求的目的是让我们更加明确自己的观察，进而明确提出什么行为请求能够满足我们的需要。

我们还可以站在不同的角度观察。如果是我们的行为激发了对方的情绪，该如何提出数据收集请求。我们都有过无论自己做什么都会惹恼同事的经历，但同事没有办法用观察的语言描述出具体是什么让他感到烦躁，特别是同事可能不知道非暴力沟通的技能的情况下。因此即使你能够在这个层次上与同事进行沟通，但你仍旧会不明白自己的行为到底哪里出了问题，也就无从确定是否要改变自己的行为以及从哪些方面进行改变。

那么你应该如何提出这类请求呢？如果你明显地让别人感到厌烦，你可以说："我发现在咱们的交流中你很烦躁。我想知道我们怎样才能让交流变得更顺畅？你现在是否愿意花几分钟的时间告诉我，我哪里令你感到不舒服？"

对方可能会说："我并不十分清楚，可能是你的态度有问题。"你可以继续问："我们能不能做个约定，以后在和我相处的过程中，若你感到交流不畅，请直接清楚地告诉我，具体是我的什么行为使你有这样的感受？"

在上述例子中，请求是为了将来能够做得更好。如果对方同意这样做，你接下来的请求可以是："在下次你发现我又在重复这种行为的时候，可不可以也告诉我？这样我就能够明白是什么让你不舒服了。"如此重复几次之后，这个请求才会被顺利执行，双方才能明白到底哪里出了问题。只有你收集到了足够的信息，你们中的一方才会提出行动请求，明确表述出希望改变什么。

我们刚刚谈论的是当对方厌烦你的某种行为，却不能用观察的语言描述出来的例子。同样地，如果别人的行为令你厌烦，而你又不能明确表述时，这种方法也适用。也许只是他们同你说话时的音调或是说话方式令你不适。你可以说："我想跟你沟通如何让咱们之间的交流更加顺畅。你现在有没有时间，我们可不可以花五分钟交流一下这个问题呢？"如果对方同意，你可以说："你与我互动的方式让我感到不舒服，但是我不能明确地说出到底是什么让我不舒服，所以不能请求你下次改变这种让我不舒服的行为方式。我希望你可以同我一起探讨发现到底哪里出了问题，这样能够让我们更顺畅轻松地交流，咱们的关系也能更加密切。"

你与同事在此做出了一个承诺：当未来再次出现这样的行为时，你可以直接指出来，同事也不会认为你是在批评指责他，而仅仅是对你们刚才的对话做出适时的反馈而已。你的请求可以是："下次我再感到不适的时候，你是否愿意让我打断你，告诉你我具体是对什么感觉不舒服？"

停下练习

在职场中，在哪些情况下使用数据收集请求会有助于改善彼此间的交流？思考这样的请求会是什么以及如何提出。

　　真实生活中的对话远比书中的例子复杂。你可能要经历一系列的过程请求和行动请求，才能成功描绘出你想要的目标。在这段时间里，你可以使用过程请求询问对方对你的话语有什么感受，或让对方直接告诉你他所听到的内容。这样做的目的是让彼此建立连接并让你更确信对方接收到的是你想要发出的信息。这能够引导双方探讨对某种行为的反应，之后你可以提出数据收集请求，再经由双方共同努力，达到满意的效果。

帮助他人组织语言清晰表述请求

　　一旦学会如何组织语言来表述请求，你就可以利用自己掌握的技能帮助他人提出明确的请求。尤其是当对方向你提出请求，而你希望自己与对方的理解保持一致时，这种做法十分必要。我的方法是复述我所听到的请求，并将这个请求用具有可完成性的、针对当下意愿的、正面的语言表述出来，这样能够帮助对方明确他想要的是什么。我在职场和日常生活的互动中已经养成了这样复述的习惯。我甚至会不自觉地复述我听到的内容，从而确保我听到的就是对方希望传达的信息，并让对方确信我认真倾听了他的言语。另外，我发现大多数人没有练习过如何提出请求。我们如果想要得到一样东西，可能会与别人谈论它，但不会真正地陈述自己想到得到它这个请求。当我意识到别人在试图提出请求时，我希望对方清楚地表达出来，然后我再按照自己的理解将请求复述出来（参见示例 11 ）。

　　我们在表述请求的时候，通常在话语中夹杂许多假设。例如，你昨天承诺过以后不再迟到，结果今天在规定的上班时间 15 分钟后，老板看见你正往办公室走，于是老板说："你今天为什么又迟到了？"老板的假设是你刚刚才进办公室，而事实可能是你早已到了单位，刚刚是出去办事回来的。另一个例子就是直接问别人"你为什么难过"，而不是先问"你是不是有些难过"来确认对方此刻真实的情绪。我们要做的是明确自己的需要和请求，并用恰当准确的语言提出可达成的请求，而且里面不能藏有假设。这样才更有可能通过清晰的沟通满足自己的需要，并帮助别人满足他们的需要。

示例 11

你走进麦格纳的办公室，提了一个问题。然后你汇报了与她和凯伦共同负责的项目的情况。麦格纳说："很好，请告诉我进展到什么程度了。"然后她拿起了电话，并让你离开办公室。你离开的时候意识到她提出了一个请求，但你不知道她具体想要什么：她是想像原来一样，希望你定期通过邮件汇报或面对面地汇报，还是想更详细地知道项目取得的阶段性成果，或是别的什么。你猜测她的需要可能是参与到项目中，了解项目进展。为了满足自己理解的需要，你在麦格纳打完电话后重新找到她说："麦格纳，你希望我告诉你项目进展到什么程度了，你可不可以具体地告诉我要实现这个目的我该怎么做？"她说："当然！如果你需要帮忙，就告诉我。你也可以在项目取得阶段性成果的时候给我写邮件。"

常见的职场沟通问题

第六章

当你熟练掌握第二章中的静默练习、自我同理与静默同理技能，并能自如地在生活中使用这些技能时，便可以尝试在一些更为复杂的情境中应用这些技能，并在沟通中出声同理，表述感受。在本章中，我们会探讨当身处具有挑战性的情境中时如何使用非暴力沟通技能。我们会谈到许多由来已久且常见的职场难题：对自己或他人的敌对印象、高难度对话、幽默、偏见、会议、权级差异、八卦、反馈和评估、公共办公区域的环境卫生、破坏约定、回复电子邮件以及雇佣关系的终止等。

发现"敌对印象"

"敌对印象"这个概念最初由马歇尔·卢森堡提出。当在脑海中对自己或他人进行评判、诊断或分析的时候，敌对印象就形成了。我之所以愿意处理敌对印象问题，是因为我知道只要脑中存在这样的敌对印象，生活就会不愉快。我同样也不喜欢当脑中存在敌对印象时自己的所作所为以及随之而生的感受。以下是几个敌对印象的例子：

· 她根本不在乎。

- 他太强势了。

- 他们故意找碴儿。

- 她太聪明了。

- 他比我强。

- 我弄砸了。

- 我很棒。

- 他疯了。

这些表达有个共同之处：将自己或他人置于一个盒子中，并贴上标签。

敌对印象除了影响感受和行为外，还会产生一个问题：敌对印象束缚人性。这指的是当我们以固化的方式给别人贴上标签时，我们就辖制了对方的人性，并带着这强加的颇具局限性的标签与他们进行互动。如此一来，自己对他人行为的预期最终会得到印证。马歇尔·卢森堡用"所见即所得"来阐述这一观点。例如，如果开会前你就认为其他人对你充满敌意，那么你在会议上的言行会更容易让其他人以你所惧怕的方式对待你。领导力学习课程的创始人克莱尔·诺尔曾说："你亲手创造出自己不想要的结果。"当你对自己或他人做了某种固有的评判，就会下意识地收集信息来印证这个评判。这样一来，固有的观念会限制你的观察，形成一种自我强化的机制——所信即所得（详见示例 12）。

你可能会在心里说："我觉得老板是个蠢货，但只要我的言行不表现出对他的这种蔑视来就没有关系。"然而依我的经验来看，两者关系甚大。在我做调解工作的过程中，一旦我脑中有了评判，就会瞬间感受到自己与屋里其他人失去了连接。这种状态并不会如同酒精蒸发般无影无踪；相反，我们的想法会不自觉地"流露"出来，让他人在不经意间捕捉到。一个人一旦心中有了某种评判，他的神经系统就会释放与之相应的物质。因此，我们的思维会影响自己的感受，进而会影响到微动作、语言节奏、遣词造句，甚至说话时所释放的能量。而所有这些都会潜意识地传递给沟通的另一方，这就解释了为什么心中隐藏的想法也能带来身体上明显的反应。绝大部分沟通都是非语言的，这不难理解。我们都知道，婴儿完全依赖周围的成年人生存，因此我们在很小的时候就下意识地学会了察言观色。直到现在，我们依然如此。

为何要不厌其烦地操练去除敌对印象？何不尝试思考别的事情或是将这些不愉悦的想法从脑海中驱逐出去？这两种方法我都尝试过，却从未成功。如果我对你说"不管做什么都好，反正脑中不要想大象"，我敢断定你很难将大象从思绪中去除掉，甚至还起了强调作用，更难去除。

多年以来，我一直尝试通过思考其他事情或刻意回避问题来调整我的思路。大声宣告、类似于祷告的企求或是以集中注意力为主的静默，我都试过。这些方法都只会产生短暂的效果，但过不了多久，此前的观点便再次充满活力地涌入我的脑海中。接下来要讲的去除敌对印象的操练却令我很满意。我喜欢练习后显而易见的变化，练习后我的感受和行为，以及我给世界带来的积极影响，都让我欣喜。这个练习被称为"敌对印象过程"。某种程度上它就像是足球中的"门将引力法则"：球员带球射门时，如果一直盯着门将，就会增加将球直接射在门将身上的可能性。相反地，球员将注意力放在球门中没有门将守卫的空白之地（希望进球的位置）则会更大可能地进球。与之相仿，敌对印象过程让我们的思维关注在希望思考的事情上，而非刻意绕开那些想要避开的观点。

不仅如此，我发现，如果对同一问题循环往复地操练敌对形象过程，那么相应的敌对形象出现的频率、强度会变小，干扰性会不断减弱。神经学证实，人类的记忆会受回忆过程的影响。每当我们将一段记忆变为意识认知，这段记忆就或多或少会被改变。这或许就是操练敌对印象过程能够成功的原因。每当我从自己的需要出发，重新审视某一问题时，我便改变了对过去的伤害模式的记忆。

示例 12

一次团队会议上，你感觉整个讨论过程都是由哈罗德主导，而自己只是个陪衬。回到办公室后，你便闷闷不乐起来。你想："哈罗德实在太让人头疼了。他老是要掌控一切，而且经常觉得自己才是老板，好像比我们都厉害。他太专横跋扈、争权夺利了。"想到这里，你突然发现你对哈罗德已有了"敌对印象"，因为你对他的想法中带有评判和心理诊断。

敌对印象过程

现在我们已经清楚自己需要应对敌对印象问题了，接下来我们开始讨论敌对印象过程。它与其他非暴力沟通方法十分相似，首先要意识到问题的存在：发现心里有这样的评判。敌对印象过程背后的理念是：心里所做的评判其实是在表达未能得到满足的需要。敌对印象过程能让人转而衡量自己的需要是否被满足，而不再执着于为那些未得到满足的需要恼怒。如果我将评判转化为如何满足没有被满足的需要，就会深入思考，弄清楚自己真正渴望得到的东西，并尽力寻找满足需要的策略。

敌对印象过程并不是一个分析的过程。相反，它要求平和地向自己提出问题。或许你可以将你的需要列个清单，看看是其中的哪个需要没有得到满足。这通常是个循序渐进的过程，需要不断地进行自我询问。你可以通过每次自我询问时感受的变化来引导自己进一步体会到底哪个需要没有被满足。

自我同理和静默同理是敌对印象过程的核心。首先，要发现自己评判时渴望得到满足的需要。如果是评判他人，先进行静默同理，体会对方做出这样的行为是为了满足自己的什么需要，从而将关注点转向这个需要。值得注意的是，我的体会不一定要"正确"，重要的是将关注点转向对方的需要，也就是对方行为的目的。当我对自己的体会产生了某种共鸣时，便会对此环节的练习备感满足。此时还会伴随着感受的变化，换句话说，我感受到了改变（参见示例 13 ）。

停下练习

　　回想最近对自己或他人做出的评判，例如"我搞砸了"或是"对这个人真是一点办法都没有"。当心中出现这样的想法时，问自己"出现这样的想法是为了满足什么需要"。

满足被同理的需要还包括与他人一起练习，练习伙伴能帮助你明确自己哪些需要没有得到满足。你们还可以进行角色扮演练习，练习伙伴可以扮演你（做出评判的一方）或是被评判的一方。同他人一起练习时，如果这位练习伙伴有足够的经验能够同理你的评判，但并不信以为真，你会感到更加满足。例如，你可以在角色扮演时说："我就觉得他不会关心人、麻木不仁。"而在此后的几天或几周内，你不会听到别人信以为真地复述你的评判。在我看来，评判是整个敌对印象过程的起点。我头脑中一直存留着评判的想法，但我渴望改变它。我希望能有一位理解转化过程的人帮助我，并且这个人能理解我的想法。

角色扮演这一方法同样可以在敌对印象过程的后期使用。我已经确认了自己评判背后的需要，而且体会出了他人的需要并与之连接，这时进行角色扮演可以练习如何与对方互动。无论在角色扮演中饰演哪一方，我都能借此练习如何以合自己心意的方式进行互动。我甚至会写下希望同对方说的话，也将最害怕对方说的话写下来交给练习伙伴，然后练习如何回应。因为听到练习伙伴说我最害怕听到的话很可能会触发我的情绪，所以这种方式还能帮助我练习即刻进行自我同理。

如果你扮演的是被评判的一方，你会对所扮演的角色行为背后的需要有更多的理解，甚至产生同理心；如果你扮演自己，对方则会在练习过程中猜测你的感受和需要，那么你被同理的需要就能得到满足。

示例 13

虽然你心里还是觉得自己对哈罗德的评判是正确的，但是你已经意识到这些想法给你造成了压力，于是你决定练习敌对印象过程。你闭上眼睛问自己："我这样评判哈罗德的时候，哪些需要没有得到满足？"在尝试了几种可能后，你发现自己被连接的需要没有得到满足。然后你再问自己："我在回想哈罗德在那次会议上的行为时，哪些需要没有得到满足？"几经思考之后，你最终找出了最接近你真实想法的答案：你需要对方尊重你的能力以及合作。在与这些需要连接后，你转而思考哈罗德希望通过那样的行为满足他的什么需要。你认为他的需要可能是被尊重、被同理以及做出贡献。

职场中的敌对印象

职场中有很多机会使用敌对印象过程。例如，你会发现与同事的互动使双方都感到不快。在思考如何与对方重新沟通的时候，你发现自己心里已经有了很多评判结论。这时你就可以使用敌对印象过程，这样在下次与对方沟通时，相应的情绪就不会通过肢体语言、言语以及音调流露出去。因为自己被同理的需要已经得到满足，所以你更能够在评判前先去同理对方。马歇尔·卢森堡将这个过程称为"同理前的教育"。史蒂芬·柯维在其著作《高效人士的 7 个习惯》中描述了同样的现象，该书中提到的第五个习惯就是"先求理解他人，自会被人理解"。如果我们能够充分敞开心扉去同理，并与他人的需要连接，即在表述自己的需要之前先满足对方被同理的需要，那么我们的需要就更有可能得到满足。

停下练习

思考在职场中可以应用敌对印象过程的三个情景。

另一个非常适合练习敌对印象过程的对象就是你的老板。如果某些人可以控制我们（老板可以通过雇佣关系影响我们对幸福和稳定的需要），我们多半会对这些人持有某些固定的信念和评判结论，而这些评判结论往往会影响彼此的互动。使用敌对印象过程可以使我们和老板的沟通免于受恐惧和某些固定思维影响。

高难度对话

我们在职场中难免会面对一些令人头疼的高难度对话：老板的批评，与客户的冲突，与难以相处的同事、未完成任务的下属的沟通等。所有这些都需要我们与对方进行情非得已的谈话。如果我们预料到接下来的沟通将十分棘手，那么就可以采取以下策略，用更令双方满意的方式与对方对话。我们把整个过程分为三个阶段：准备对话、开始对话、事后学习。此三步可以重复使用，就像第三章中介绍的学习周期。如果你觉得始终无法与对方建立并维持良好的关系，就可以重复不断地进行这三个步骤，而且每次都会有不同的体验。

准备对话阶段包括确保事前做完敌对印象的功课。如果感觉对话难度会很大，你的脑海中可能已经根据之前的互动对对方做出了评判和分析。这时可以进行敌对印象过程——同理自己的评判，并对他人进行静默同理。这样能够帮你避免传递出强烈的情感控诉，不至于把敌对印象带进对话中。通常情况下强烈的情感控诉会带来你并不想要的结果。例如，当你觉得自己遭到了不公平对待时，如果你简单地想："我不会说出他们对我不公平的。"可事实上，这样做更会让心中的评判时常浮现出来。通过使用敌对印象过程，你重新赋予了对方人性的一面，并与自己的需要连接。

在准备对话阶段同样也可以与朋友进行角色扮演。你可以告诉练习伙伴你最不愿意听到的回应，然后在角色扮演时花时间静默同理，再做出回应。练习时，可能要花费几分钟才能做出回应，但你可以让整个过程慢下来，继续学习即时回应技巧。这样的技巧在真实对话中非常有用。

停下练习

思考一次你一直想逃避的对话。从准备对话阶段开始，再次观察你对那次对话的感受。

在对话开始前，留出一段自我同理的时间。在高难度对话真正开始之前，我们心头常会涌上一股焦虑之情。做个计划，对这段对话的反应进行自我同理也很必要。可以在卡片上、手上或记事本上写下你的对话目的，这有助于你在谈话过程中保持头脑清醒。

你可以详细计划谈话的过程，或是就各种可能出现的情境进行角色扮演。但在真实对话中，你要根据当时的情境随机应变，而不是完全依赖角色扮演中并不真实的固定的对话脚本。最重要的是牢记自己的目的，而不是写好的脚本。这样能够帮助你在对话中应对自如，而这也正是对方所期盼的回应。如果能在对话进行中自我同理，你就可以即时满足自己的需要。在刚开始学习时，仅仅开始一段高难度对话，并在对话中保持一定的灵活性都已实属不易。

想象对话结束后的情形也是很有必要的。在谈话之后你很有可能会对自己、对方以及整个情境做出大量的评判，因此要安排时间进行同理。在反思整个谈话过程时，你会为需要得到满足而欣喜，也会为某些需要没有得到满足而哀悼。你也可以猜测对方的需要，进而理解并确认自己从中学到的经验。在这个学习过程中，你可以在头脑中回忆，也可以通过与别人进行角色扮演的方式回忆这段对话，但是此时回忆的不是真正的对话过程，而是你心中期望进行的对话过程。这样你便架构了一个神经网络，将大脑中的信息存储下来，以后再遇到相似情境时，你就有了现成的模式。经历这个过程后，你可以思考实施下一步计划。如果接下来还需要同对方继续对话，你可以重新回到第一步开始准备。

职场中的玩笑与幽默

当我作为合伙人的那家律师事务所逐渐壮大到拥有 20 名员工时，我有意识地加强自己的管理工作，其中一项便是思考如何处理办公室中的玩笑。当时公司有一位从公司创办时便加入了我们的助理律师。她经常讲各种低俗的或一些带有种族歧视意味的笑话，或嘲笑金发女郎。20世纪 80 年代末 90 年代初的美国，与职场歧视有关的上诉案件数量急剧上升：被歧视的员工控告公司，当他们被同事的笑话冒犯时，管理层要么参与其中，要么对此熟视无睹。

我不想禁止同事讲笑话，因为我知道有人（包括我在内）喜欢听她讲的笑话。我也深知她本性不坏，因为我们从未见她故意用言语伤人或用笑话针对某位同事。我担心的不是我们现有的办公室会充满敌意，而是新入职的员工尚未与她熟悉，听到她不断讲此类笑话会感到不适，却不能轻松自如地表达出自己的不悦之情。

我担忧的还有我自己的幽默方式。我的幽默与上面那位助理律师的笑话完全不同。一般反讽是处理不悦和发布命令的行为模式之一。我逐渐意识到我的幽默经常会建立在讽刺的基础上：把两个意思相反的概念放在一起，却不明确指出到底我想说的是哪个。例如，如果我认为某人的报告准备得很好，我可能会说："这个报告完全是个悲剧。"我不愿说："我真的很欣赏这份报告，它完全传递了我想表达的意思。"这也是因为我当时还不知道怎样精准地使用语言表达意思。我用这种方式将我的意思传达出去，而我的幽默则根据当时的情境和对话主题而定。然而最后我发现，由于我是公司的合伙人，我得在支票上签字，执行年度总结，所以员工很容易误解我的幽默，只有我自己清楚我的幽默是要表达和善的情感，而员工却理解不了。渐渐地，员工们会觉得我的话伤害了他们。

停下练习

　　你如何使用幽默？使用的目的是什么？

　　作为管理者，我制定了处理幽默的策略。由于员工会曲解我的意图，所以我决定自己不再开玩笑。别人可以讲笑话，但我自己不会再讲了。至于那位讲低俗笑话的助理律师，我决定与新入职的员工单独谈话，告诉他们，如果对她的笑话感到不适，他们可以自由地表达出来。最理想的办法是直接告诉她，或者可以和我说。我对这些办法非常满意，只是我自己不能再随自己的喜好表达幽默了。

　　后来，我开始学习非暴力沟通。在一次培训中，我明白了我只能控制我自己的意图和行为，不能控制其他任何人。因此，如果我要使用幽默，首先要弄清楚我想使用幽默的目的：要满足自己和他人愉快和玩乐的需要。如果我还有其他的目的（例如希望指导、惩罚、批评或贬低别人），那么很可能会因此触怒对方。

　　即使我使用幽默的目的只是满足自己愉快和玩乐的需要，其他人仍可能会对我的幽默感到不悦。就像我在第二章中提到的，我在一次培训中和几个在之前的工作坊上认识的好友开玩笑、讲笑话，而这令其他学员不悦。我对自己使用幽默的目的十分清楚，我也明白好友的需要。但即使这样，我猜想因为其他学员之前的经历和背景使然，他们可能会对我们的幽默感到不安。就像在这个例子中，如果我知道有些人不喜欢我的幽默，或我从对方的身体语言、说出（或没能说出）的话语中猜测出别人不喜欢我的幽默，那么我愿意克制我自己，尝试同理他们没有被满足的需要并重新与他们连接。

如果对别人的笑话感到不适，我首先要明确自己是因哪些需要没有被满足而不适，然后猜测讲笑话的人有什么需要希望从中得到满足。例如我可以猜测出他们希望满足自己愉快和玩乐的需要，而他们表达幽默的方式恰好触碰到我的痛苦记忆，激发了我的反应，这种情况下我可以选择自己处理自己的情绪。

但是如果他人的笑话持续不断地触动我的情绪，或我认为对方通过幽默想满足的需要并不好，那么我会直接告诉他们。只要确信对方并无任何恶意，只是希望借此满足他们自己的需要，那么通过表达我的不悦，我便更可能获得自己想要的反馈。因此，在听到笑话的时候，为那些需要没有得到满足的状况哀悼也是件好事。这样可以推测对方希望满足哪些需要，并与之继续连接（参见示例 14）。如此一来，人们会更加善良，尽管我仍然不喜欢他们满足需要的方式。

我对歧视特殊群体（包括种族歧视、性别歧视，甚至是对律师的歧视）的笑话一直非常抵触。根据当时的情境和对讲笑话者的了解，我明白对方讲这样的笑话是为了满足其自身对陪伴的需要。即便如此，我相信讲这些笑话还是会产生负面效果。于是我可能还是想说些什么，想告诉讲笑话的人我不喜欢这些笑话，但是我这样做并不是想让对方觉得他自己做了不好的事情。在自我同理和静默同理后，我会找一合适的时间对讲笑话的人说："你记不记得你昨天午饭时讲的笑话？我听到之后感到非常不舒服，但是我当时不想说，因为我想单独跟你谈谈。我认为那样的笑话对我们都有一些负面的影响。我希望在世界上创造一个相互尊重的环境，希望所有人都能彼此尊重，但是这个笑话起不到这样的作用。"然后我可以提出过程请求来结束谈话。我会在谈话结束后询问讲笑话的人听了我的话后的感受，或是让他们告诉我他们听到了什么，这样我可以确认自己是否顺利传达了我想表达的信息。

示例 14

　　一天午饭后哈罗德对你与凯伦说："我刚听了一个笑话，你们想听吗？"他还未等我们回答便说："残疾人为什么要在厨房水盆里洗澡？因为那里才是他们该洗澡的地方！"哈罗德边说边大笑着。这时你感到十分尴尬，凯伦也表现出了不悦。你有一丝反感，因为你认为他的话里有歧视残疾人的意味。而且你对哈罗德所讲的笑话感到不适已经不是第一次了，在此前几次听到他说令人不快的笑话后，你私底下做了自我同理和静默同理，你觉得现在可以跟他说清楚了。你思考着哈罗德讲这样的笑话是为了满足他的什么需要，然后说道："那么哈罗德，可不可以告诉我你讲这个笑话的目的是什么？你是想以此拉近你与我和凯伦之间的距离，还是仅仅想制造快乐的气氛？"

　　"是的，你不喜欢这个笑话吗？"哈罗德问道。

"其实我听到这类笑话会感到不适，因为我认为这类笑话不尊重他人。你对我说的话有什么想法呢？"

"我觉得你就是没有幽默感。"哈罗德反驳道。

你回应说："那么你是希望有人能够陪你一起开玩笑？"

"是的，这样有错吗？"

"没有错。我也想开心，也想和你一起分享笑话，但是我不想这份快乐以伤害他人为代价。你是否愿意尝试一下那些既不伤害他人又能让大家快乐的方式呢？"

哈罗德回复说："嗯，我想可以。"

停下练习

回想他人的某个笑话是否曾令你感到不适。先进行自我同理，当你的需要得到满足后，再开始静默同理，然后思考在当时的情形下你可以说什么。

职场中的偏见

从有关职场"多元化培训"不断增加的需要中可以看出，职场偏见已成为一个越来越难以处理的问题。如果我们认为自己或他人因为种族、阶级、性别、性取向或其他原因遭到歧视，心里就会产生非常强烈的反应，甚至引发与生存和获得尊重这些基本需要相关的情感。

"偏见"一词通常是指某一类行为或思想。尽管每个人都能理解它的意思，但我觉得现在我们对这个词的使用仍存在着诸多问题。用它来评判别人或自己的行为并不能达到自己想要的效果，自己或他人意识到遭受歧视时，会触发相应的应对模式，而这并不利于当事人从中学习。

通常情况下，我们只要对某个人或群体存有敌对印象，就会或多或少地表现出偏见。敌对印象不仅包括负面的评判，还包括正面的心理联系，例如认为某一个群体优于其他群体。

意识到自己有敌对印象并不难，特别是对某一群体的敌对印象。当我看到某一类人深夜在街上游荡时，就会感到很不舒服；一个拿着公文包读报纸的人出现在街上不会让我担心自己的安全，但如果在城市边缘的工业区，看到三个十几岁的男孩说着粗俗的话语，勾肩搭背走来，我的反应就不一样了。所遇之人的肤色、种族、社会阶层、性别、教育背景、说话用词的方式、穿衣风格和文身，以及我们当时所处的环境，都会影响我对他们的反应。民权领导人杰西·杰克逊说："此时，对我来说最痛苦的莫过于，当我走在街上听到有脚步声传来，就担心是否会被抢劫的时候，发现走来的是一个白人，我便松了口气。"

我对自己的反应并不满意，因为它与我所持的价值观不符。研究表明，每个人都存在一些根深蒂固的偏见，并伴随着强烈的情感。偏见往往是在幼年时期形成的。"我们对某一社会群体潜在的联想是在我们尚不具备理性思考能力的时候形成的。2006年的一项研究表明，潜意识中对某一种族的偏见在6岁的时候就形成了，而且不会消失。"我们的社会行为潜移默化地塑造了心中的偏见。除非我们能够有意识地改变，否则我们的行为将永远受这些偏见的影响和束缚。

　　潜意识里的偏见常有悖于我们所持的价值观，因此我们的第一反应是消除这些偏见。我告诉自己不要存有偏见，言行中也不要表现出偏见，但是我从来没有成功过。一旦出现偏见，我便立刻做出反应，我能做的就是当这些偏见出现时及时发现它。在保证安全的前提下，这样做能让我以开放的心态收集更多的信息，检验心里的偏见。我发现绝大多数情况下，我收集到的信息与之前的假想相悖，这使我有机会证实自己之前的观察并不正确，而我也越来越享受这个过程。这样的经历多了，我便更加关注自己对偏见的反应，而且更愿了解自己接触到的每一个人，更关注对方良善的一面，而非将对方视为某个群体的代表。

停下练习

　　你自己有什么隐藏的偏见？你何时发现自己的言行中表现出了这些偏见？

　　别人的言行在我看来可能也存有偏见，但如果我这样想，就会与这些人产生冲突。我并不想与对方失去连接或处于冲突之中，因为我的愿望是与人建立并保持连接。为了达到这个目的，我再次使用非暴力沟通的基本技能。我希望明确到底对方说了或做了什么（借助于观察）让我认为他有偏见。当观察清楚了，我就可以找出我的哪些需要没有被满足。然后与自己的需要深深相连，我就能转而关注对方言行的动机了。在静默同理后，我可以在确定我的目的不是指责他们之后，重新与对方建立连接。我可以表达被对方言行激起的痛苦，我的表达方式也不会被对方误解为批评指责。我可以让他们知道我的不悦，并询问是否可以一起寻找其他方法满足对方的需要。

例如，我的生意伙伴在很多场合中用我难以接受的方式和语言谈论女性，他们或是谈及某位女性的身体，言词间满是淫秽之词，或是讨论一些不好的欲望。每当听到这些话语，我会产生强烈的不适感，因为我希望所有人得到关爱和尊重的需要没有得到满足。

此外，我还会感到困惑，因为这些言语与我平时看到的他们在生活中对身边女性的态度并不相符。

停下练习

回想最近一次你发现他人言行中带有偏见的经历。运用敌对印象过程，并思考当你遇到相似情况时可以说些什么。

我在面对他人的偏见时，常因不知道应该说些什么回应对方而陷入尴尬中。于是，在对方离开后，我开始进行自我同理和静默同理以重新建立连接。这个过程需要结合运用学习周期，并默默练习或与他人一起练习在遇到相似情况时应该说什么。我的目标是做出与自己价值观相符的行为，并与当事人彼此连接，表达我对他的关心。有一次在听到那些令我不悦的话语后，我说："请等一下，我有些话想跟你说。听到你用那样的话谈论那位女士，我感到特别不舒服，因为我希望人们能够彼此尊重。你是否可以告诉我，我这样说你能接受吗？"我这样的表达让我们继而进行了情意相通的对话。通过对话，我知道了他之前的目的是要与我连接。当听到我更愿用其他的语言方式达到彼此相连的目的后，他非常高兴，立刻改变了之前的行为方式。这番沟通互动的重点是，我们最终变得比原先更加亲密。

如果你认为别人的言行对你有偏见，那么请你在思考对方的动机前，先花较长的时间同理。深入进行这个过程能够帮你避免做出不好的反应——抑郁、绝望或气愤，并最终解决你们之间存在的问题。寻找一名深谙同理过程的人辅助你与需要和感觉相连，而不是祥林嫂般反复讲述事情经过，感受和强调其中的不公。

促成会议高效进行

大多数人在职场都会参加不同形式的会议，如开会讨论政策决定、产品开发或是发展方向等等。在我参加过的会议中，有的能够推进工作的进展，时间安排得合理，同时又创造出团队合作的气氛；有的会议却让人感到挫败，不能促进与会者彼此相连。即使你不是会议组织者，仍可以通过使用几项技能与其他成员建立连接，使得会议更加让大家满意，更有助于弄清楚他人的需要。

开会时，有些人的发言简单明了，而有的人讲话的时候似乎还不清楚自己要说什么。后者常让会议变得冗长，使其他与会者无法继续集中注意力。如果对方的讲话已经让你无法忍受，你就会想打断他。通常，打断他人被视为"不礼貌"、阻碍彼此连接的行为。但其实有方法可以借着打断对方而让双方加深连接。

如果你知道继续听对方讲话会阻碍你满足自己的需要，那么首先要明确打断对方能满足你的什么需要。例如，我打断别人常常是想尽快弄清楚对方到底想表达什么信息或是对方想要什么。了解了自己的需要就能够清楚地向对方提出请求。对方一开始很可能会因为你打断他而恼怒，因此你要准备好能够让彼此重新连接的具体请求，甚至可以将请求与你的需要结合在一起。例如，你可以让对方告诉你或其他与会者，根据现有的信息，倾听者该做什么，这样做实则是要对方明确他自己的请求。你可以回顾之前听到的内容，帮助对方指出信息要点或更正信息。

与在会议上正在发言的人建立连接的方式之一，就是听他们说没说"请"或"谢谢"。不要狭隘地认为在会上说"请"或"谢谢"仅仅是为了表达请求或是谢意。如果对方用了"请"这个字，你可以尝试着猜测他想要表达的请求是什么。正如第五章中谈论的，清楚表达自己的请求以及帮助他人清楚明确地提出请求是提高会议效率的关键。你可以借着提问，帮助对方做出可完成的、针对当下的、使用正面语言表述的请求，并询问发言人具体想向谁提出请求。特别是当发言人面对一群听众时，发言人如果抛出一个让大家不知道具体责任人是谁的请求，那么这一请求往往难以达成。

例如，多年以前我有一位关系密切的同事，如果我们就某件事达成一致，我会说："我们就这么做吧。"在一起共事一段时间后，这位同事跟我说："'我们'到底指的是谁？"当时的我还不认识马歇尔·卢森堡，也没有接触非暴力沟通，但不管怎么说，他依然能看出我没有清楚表达谁是决议的执行者。帮助团队中其他人明确自己的请求能够让请求尽快得到满足，也让我们更容易在团队中建立亲密关系和信任。

在群体中倾听他人的赞赏、帮助他人更明确地表达感激能够达成我们希望达成的结果。花时间称赞个人或团队所做出的成就并表达祝贺，能够建立良好的团队合作关系并提高每个人的满意度。

停下练习

　　回想在最近的一次对话中，对方是否说了"谢谢"或"请"之类的词？如果对方说了"请"，你可以怎样帮助对方清晰地表达请求？

　　留意别人所说的"请"和"谢谢"，帮助他人明确他们的请求能帮你与讲话的人保持连接。当你讲话的时候，过程请求可以让你们彼此连接并确保你能以自己希望的方式被对方同理。如果不确定对方是否明白你的意思，你也可以让他复述你所说的内容。如果从对方的肢体语言中发现他不喜欢你所说的，你可以让他说出他听到你的话后的感受。根据对方的反馈，你可以决定接下来说什么。最后，明确你的说话方式和内容，清晰地表达自己的请求，能使你的沟通更简明扼要，更容易被听众接受。

　　人们在对会议感到不耐烦时，会说出自己的感受，并向会议主持人提出要求，这种情况在与会者对会议的效率感到不满时经常发生。但遗憾的是，以我的经验而言，如果有人带着愤怒的情绪用命令式语气表达自己的不满，那么整个会议进程将受到很大的影响，因为情绪传染之下其他人也会借此表达自己的不满。如果发现自己在团队中的需要没有得到满足，最好首先进行自我同理，这样我们的反应就不会由评判而激发。在与没被满足的需要连接后，我们便能够猜测他人行为背后的需要，并用相应的方式对团队提出请求，以与需要相连。

　　我曾参加过一次大会，期间几位重要听众的情绪都被主持人的问题所激发，导致争论不休。大家各执己见，争论不断升级，我越发觉得不安。我发现自己在他们的争论中产生了"这样争论完全是浪费时间，与议题毫无干系"这样的想法时，便开始进行自我同理。我即时将评判转化为观察、感受和需要。当我抛弃评判的思维，便发现面前有更大的空间，从而开始思考怎样满足自己以及会场上同样不喜欢这场争论的人的需要。

尽管我并不是那个会议的重要成员，但我仍打断了大家的争论，表达了对当下情境的不快，并质疑这样的争论是否回答了主持人的问题。于是我转向主持人："你可不可以告诉我们，在所有这些对你问题的回应中，你觉得哪些最有用？"沉默了几分钟后，他看着之前发言的一位女士说："除了她说的之外，其他所有的都没有意义。"由于这位女士的发言与争论无关，因此整个会场的气氛都随之发生了变化，而之后会议的进程让我更为满意。自我同理让我找到了促进会议顺利进行的方式。如果不是之前做了自己应做的功课，那么我提出的问题会带有更多自己的意见，而产生的结果可能就不是我乐意见到的了。

正如我们在第三章中谈到的，即使不在公众面前讲话，自我同理和静默同理练习都能或多或少为会议做出贡献。无论是否开口说出来，只要不断与自己和他人的需要连接，整个会场的气氛就会朝好的方向改变。如果你刚刚接触这些技能，或你发现在会上很难保持注意力，你也可以在会议进行过程中在笔记本上记下自己的观察、感受和需要。这样的练习至少可以帮你快速转变烦躁的情绪，最理想的结果是通过这样的练习，你可以重新与自己的需要连接，并影响你在团队中所做的请求和行为。

权级差异

很多人常跟我说他们观察到职场中存在权级差异。当然，职场中确有真实的权级差异，签署支票的权力和解聘员工的权力的确存在区别。这些现实中的权级差异却常扩大到在我看来不正确的程度上。换而言之，如果大家觉得某人的权级大过他们，多半就不敢对这个人提请求，也不敢提出异议。对生计和安全的需要成了你与有权力的人有效交流的拦路虎。然而如果你感受到自己的需要没有得到满足，却不去表达这些需要并提出请求，那就是拆自己的台了。讽刺的是，当我做了老板并有了这样的权力后，员工的"抱怨"常让我感到非常无力。我觉得自己完全没有力量去影响周围的世界，因为我无法对他人，也包括我自己，明确表达怎样做才是最保险的。因为我周围的同事没有形成通过提出请求来表达自己的需要的习惯，于是我就成了让自己和员工的请求和需要得以表达和满足的中间人。但是在我看来，员工们并没有像他们自己想象的那样清楚地表达出了需要和请求。

人们感受到权级差异有两个场景：一个场景是你觉得对方不知道你的需要没有被满足，或你不确定对方是否知道；另一个场景就是，你十分确定对方知道你的需要没有被满足，但他不知道该如何同时满足你们双方的需要，因此对方不能如你所愿地关注你的需要。对以上两个场景的回应是一样的，但在第二个场景中，你需要额外进行同理。如果我们认为对方知道我们的需要没有得到满足，却对此无动于衷，那么我们的情绪就会产生波动。当然，一般我们很难核实对方是否真的知道我们的需要没有得到满足。但在思考如何行动之前，我们首先需要他人帮助我们满足我们自己被同理的需要。

在"处理高难度对话"的部分中，我们描述了面对权级差异最核心的过程。我鼓励你将重点放在准备对话上，花时间明确我们的需要有助于缓解权级差异带来的焦虑不安。如果事前没有做好自己的功课，那么对方很可能会将你的请求误解为不尊重他的权威。如果事前做好了功课，那么我们就可以自如地用更清晰、更开放的方式提出我们的请求。

当然，非暴力沟通并不是一根当你担心对方不能如你所愿地接受你的时候便挥舞起来的魔法棒。非暴力沟通过程和技能能够帮助你更清楚地表达你的需要，这增加了你如愿得到回应的可能性，但是你在使用之后依然不能如愿还是有可能的。在这种情况下，自我同理和静默同理能让你更明确当下的情境，使你重新与需要连接。你还可以通过其他方式满足你的需要，或决定是否要离开当下的情境，但你仍能与自己和他人相连。（详见本章后面的"转变终止雇佣关系的方法"。）

八　卦

我们都有过这样的经历：你去接水或喝咖啡的时候，两个同事正好也在那里，交头接耳地抱怨、八卦。很快，其中一位同事要把你拉进对话中，这时你发现自己置身于一个非常尴尬的境地中：你不想八卦，但也不想拒绝同事一起聊天的请求（参见示例 15）。

示例 15

　　你走进厨房吃午餐，这时正在聊天的哈罗德和凯伦突然安静下来，不说话了。他们发现走过来的是你，便松了口气，不自然地笑着说："我们还以为是麦格纳呢。"凯伦抱怨说："我们正说这次最新的会议纪要呢。你能想象吗？她居然告诉我们使用所有办公用品都得报批，就算只是一张纸也得这样。她以为她是谁啊！"哈罗德跟你说："你不觉得她太小气了吗？"你意识到他们说完这些后就沉默了，似乎在期待你认同他们的评判。

　　我将八卦分为两类：一类是评判、复述自己听到的关于其他人的事；另一类是描述自己与他人的互动，其中也带有对互动对象的评判。这两类八卦背后的想法不同。向他人复述自己听到的关于其他人的事，是想与对话者建立某个共同的道德标准，或试探你们的价值观是否一致。私下议论邻家十几岁的女孩怀孕了或怀疑财务部同事偷公司的办公用品，都属于这类范畴。

　　讲述与他人互动的经历时，对方是想确认自己感受的真实性。他们想知道自己对别人的看法是否正确，其他人是否也觉得有同样的看法。这样做也可以说是想矫正自己的标准。我认为讲第二种八卦的人想要的其实是同理：我们希望向他人倾诉自己的痛苦；如果倾听的一方能够认同我们的判断，我们便得到了同理。但我们不能通过讲八卦的方式直接满足被同理的需要，因为这种方式并没有让讲八卦者与他自己的需要连接。

在职场中遇到这两种八卦时，可以选择用非暴力沟通的技能做出回应。你可以将其视为一次静默练习的机会。可以先采取这样的方法：对方八卦是想通过评判别人来表达自己的痛苦。你首先自我同理，并借此重新与自己在这段对话中未能满足的需要相连。然后再进行静默同理，静默地将他们的话转化为其背后的需要。这个过程可以改变你的思想，进而影响你对整件事情的感受，最终你的肢体语言、言词以及表达方式都会有所不同。所有这些加在一起能够强有力地影响你的感觉以及对周围人的看法，而这些都无须出声使用非暴力沟通。

但我常常发现，如果你面对八卦时保持沉默，其他人总会千方百计拉你入伙，所以你需要练习如何做出回应。我建议你以符合自己价值观的方式做出回应，同时与向你发出邀请的同事建立连接。例如，如果同事向你抱怨，经理将别人的工作成绩据为己有，然后问你："难道你不觉得他完全就是欺诈吗？"你可以同理式地回答："你生气是因为你觉得经理应该正直，对吗？"

你可以既表达自己的感受又同理对方。如果别人给你讲了一个故事，最后问你："他不就是个混蛋吗？"你可以回答："叫他混蛋，我感到不太舒服，因为没有满足我关心他人的需要。我想你要表达的也是被尊重和关爱的需要，但是从你刚才的描述看，他并没有满足你的这些需要。"这便是首先利用非暴力沟通表达我的感受（不舒服）和需要（关爱），并就观察（叫他混蛋）做出回应，最后表达请求。上述例子中，请求是一种同理式的猜测，想象是对方的什么回应触发了你的情绪，或是进行观察（参见示例 16）。

停下练习

回想最近一次听到八卦或抱怨的经历，思考你可以做出怎样的回应。试着开始先进行自我同理和静默同理。

上述例子并非是能让你每次遇到状况都平安无虞的灵丹妙药。如果抱着建立连接的目的使用非暴力沟通，我便能通过自己的话语建立我所期待的连接，但我不能保证对方每次都能以我希望的方式做出回应。如果我对自己的反应感到不知所措或是挫败，那么我需要暂时离开所处的环境。

示例16

你深吸了一口气，意识到了自己对会议记录的感受是气愤。你发现自己感到气愤，是因为你被尊重和信任的需要没有得到满足。你决定用同理的方式对哈罗德和凯伦做出反馈，猜测他们之所以做出之前的评判，是因为他们哪些需要没有被满足。"你听上去很沮丧。你希望管理层能够信任你，而这份会议记录所表达的却恰恰相反。这就是你气愤的原因，对吧？"

反馈和评估

我们在职场中会遇到各种形式的反馈。当与他人一同工作时，反馈是保证团队继续朝着正确目标前行的重要一环。当下，反馈已经被许多公司纳入年度评估或半年评估中。

做出反馈或是接受别人的反馈都是交流沟通中的难点，无论对方是你的同级还是你的上下级。反馈常常引发我们对安全感的需要，因为它涉及我们的生计问题。

我们经常将对自己或他人的反馈与评判混为一谈。这些对与错，好与坏的评判，被强行贴在我们身上，成为定义我们的标签，限制了我们的人性。我们喜欢正面的标签，憎恶负面的标签。而且我们常常将我们说出或收到的评判视为"真理"，例如：

- 你又搞砸了。
- 你从来没有做对过。
- 你是个非常好的员工。
- 你在这个项目中的表现令人难以接受。
- 你应该更注重细节。
- 你不是个关注细节的人。
- 你太粗心了。
- 有全局观念对你的前途很重要。
- 你应该与同事更默契地合作。
- 你是个善于沟通的人。
- 你要更关注其他人的感受。

- 你不要再这么敏感了。

- 你一定要学会跟别人更好地沟通。

- 我又接到别人的报告说你不关心人。

社会文化让我们的语言充满道德评判。虽然通常我们想表达的是"建设性"的意见，但我们得到的回应通常是对方的防卫和反驳。一般而言，若我们得知他人不喜欢我们的言行，便认为他们的反馈是负面的，其中一个原因是伴随我们成长的指责文化使我们对批评格外敏感。

相较于日常生活，职场中的反馈格外重要，但人们对其清晰度和实用性的要求却与它的重要性不相匹配。我所经历的或耳闻的工作评估通常来源于工作中的不同侧重点，如根据迟到早退、合作能力、工作主动性和态度以及沟通技巧等给员工打分。这些程式化的条款给评估穿上了貌似公正的外衣，但实际上其中很多方面并不能量化评估。

我认为，好的反馈应基于某项特定的观察，基于需要是否满足的评估；在评判的过程中，我们不是要指责对方，或者是建议给予什么样的责罚。做出反馈时，我们要让对方知道我们的观察（反馈涉及的具体言行）、需要和请求。如果我们是反馈的接受者，那么可以让对方指出具体的观察，并猜测（大声或静默地）对方的需要。如果是一份评估报告，那么报告中的每一项都应与具体的观察和需要相连。

停下练习

回想你做出反馈及接受反馈的一次经历。你如何使用非暴力沟通的基本技能让反馈更加清晰？

　　我曾在一家拥有二十多名员工的律师事务所担任经理一职。在我任职的最后几年中，我与另一位合伙人要一起对公司的每名员工进行年度审核。那时，我与其他几名同事只有一名行政助理。我们几个人之间达成了一系列的协议，其中包括按照工作重要和紧急程度的优先顺序而非职位高低安排那个助理的工作。换而言之，按协议规定，助理有时会优先处理其他几名同事的工作。在年度审核前，几位资深律师、高级律师和助理律师找到我和另一位合伙人，要求解雇我的行政助理，因为他们认为她的工作态度有问题。在他们看来，行政助理不愿先完成其他人的工作。他们说，即使他们的工作更紧急，助理也常常先处理我布置的任务。在这件事情上我倾向于接受他们的要求，解聘行政助理，因为我在与她的互动中也觉得并不满意。但是在反思整个过程后，我还是不愿做出解聘这名行政助理这样极端的决定，因为我不能保证自己事先清楚地与她沟通了那些要让她完成的事情，而她也没有明确表示不愿意或没有能力按照我的意愿去做。按照非暴力沟通的原则，没有与她充分沟通便决定解除雇佣关系有悖于我的价值观。

　　于是，我的合伙人与我决定尽可能用观察的语言与行政助理进行沟通，告诉她其他同事不满的原因，并明确表达出我们的期望。我也通过具体事例向她表达我的不满。这次年度审核谈话进行了大约2个小时，远超过通常的20至30分钟。我记得这次谈话令人很不愉快，因为双方都情绪激动。就在我准备结束谈话的时候，助理说，虽然这次对话令她难以接受，但却是最有价值的一次年度审核。我们最终达成协议，给她三个月的试用期，期满时再做一次评估。

　　结果不出一个月，原本希望解聘行政助理的同事们纷纷告诉我，他们改变了主意，希望能够继续留用她。此前，这些人都认为没有办法改变助理的行为，给她试用期完全是在浪费时间。

　　我从这次经历中学到了很多，更坚信自己要尽快给当事人基于观察和需要的反馈。这件事情也让我明白，我们很容易在未辨别真伪的情况下就在心里树立一个敌对形象，并依此行事，结果给他人造成伤害。同时，我也浅显地体会到，即使得到的反馈并不能令我们满意，我们也渴望得到别人的反馈，因为只有这样才能知道将来如何行事，才能满足评估人的需要。

　　在准备与他人分享负面评估的过程中，最重要的是确保对方被同理的需要得到满足，并清楚地知道沟通的目的是什么，然后使用观察而非评判的语言尽量清楚地向对方描述评估中所涉及的行为。采用非暴力沟通车轮句型的基本架构，告诉对方你还有哪些需要没有得到满足。

　　如果接受反馈的人听到的是用观察性语言描述的没有得到满足的需要，就比较容易接受负面评估以及你的请求。受文化的影响，对方可能仍会将这样的反馈当做批评，但你无法控制对方如何理解你的话以及如何做出回应。可是，你可以明确自己的目的以及如何实现它。只要你清楚自己的目的，就能让对方明白他的行为没能满足你的需要（用不带任何评判的、观察的语言表达），这样对方也更容易同理。

　　你所提的请求也至关重要，它能够让对方的精力集中在你希望他关注的事情上，而不会把你的意思误解为批评，然后不断地为自己辩解。如果对方是第一次接受反馈的话，那么提出渐进的请求就会增进沟通的效果："你是否愿意告诉我，听完我刚才的话之后有什么感受？"或"你是否愿意把刚刚听到的话复述给我听？"在听到满意的答案后，你可以进而向对方提出行动请求，表达具体想要的行为（参见示例 17）。如果我们需要对某人所做的某件事作出负面反馈，而这会影响到我们之间的雇佣关系，整个过程无疑难上加难。在这种情况下，我们在沟通前需要进行更多的自我同理，并通过角色扮演练习如何在沟通时应对对方的反应。

示例 17

与麦格纳开完会后，你感到非常挫败："她每次都有一大堆新想法，她到底想要我们怎么贯彻实施？"在自我同理和静默同理后，你决定将自己的想法告诉她。你事前仔细地准备了如何表述反馈。你首先确定麦格纳愿意沟通，然后你问她："麦格纳，你在会上提到了四个新的想法让我们贯彻实施，但我们不知道具体该怎么做，所以我感到很挫败。贯彻实施这些想法可能需要花费大量的时间和精力。你把这些摆在桌面上讨论，是否只是因为你对这些想法感到兴奋，希望与我们分享？"麦格纳说："是的，我点子很多！但这并不意味着你们都要把我的想法当作重中之重去贯彻实施。"之后你可以提出请求："以后当你向我们展示这些新想法的时候，是否可以更明确地告诉我们，什么时候是你仅仅想要分享这些点子，而什么时候是要我们认真去贯彻实施的？"

在接到负面的评估后，要明确评估方是否了解非暴力沟通的基本原则。如果你的情绪被反馈所触发，首先要进行自我同理，与需要连接。如果需要的话你也可以暂时离开，独自进行，之后再用静默同理猜测对方希望借着评估满足他的什么需要。你可以用已经掌握的非暴力沟通技能做出回应，将对方的话转化为观察、感受、需要和请求，并确认自己是否正确理解了对方的话语（参见示例 18）。

示例 18

麦格纳在对你的季度评估报告上写道："太固执而不愿做出改变。"你看到这份评估报告后可以先对此进行自我同理，之后找麦格纳沟通。在与她沟通的时候，你问："你可否具体举例告诉我，我什么时候在哪件事上不愿意做出改变？"麦格纳说："在费里斯项目的会议上，我说需要对几件事情做出改变，你说这样做花的时间太长了，而且似乎十分不满。"你回答："所以我希望弄清楚的是，你是否愿意听我对你刚刚提出的改变的理解，然后再告诉你我的顾虑？"

共享公共办公区域

职场上另一个可以练习新技能、学会满足需要的地方就是公共办公区域的使用秩序。每个公司里都会有爱整洁和不爱整洁的人。于是在公司里有一种常见的现象：当爱整洁的同事发现水池中堆满了用过但没清洗的咖啡杯，会尖叫着让弄乱水池的人整理干净。

如果你对别人在公共办公区域的所作所为感到不满，那么可以用观察性语言同他们沟通，表达自己有哪些需要没有被满足，最后提出请求（参见示例 19）。例如，如果你看到有人在倒完咖啡后，直接把空咖啡壶放回咖啡机里，你就可以说："我看到当你把咖啡倒完后，没有把壶里重新灌满咖啡豆，这让我感觉很不舒服，因为我被尊重的需要没有得到满足。以后你喝完咖啡后，可不可以再重新泡一壶？"他们可能会说自己当时没时间或有其他的原因没能再冲泡新的咖啡。在我的律师事务所中，有的律师会说他们的时间太宝贵了，不可能花在冲泡咖啡这种小事上。面对这样的回应，如果你对自己使用非暴力沟通很有信心，那么你可以试着直接同理对方。如果你对使用非暴力沟通技能尚不放心，或情绪已被激发，可以尝试先进行自我同理和静默同理。

停下练习

选择一件职场中会不断重复发生的事情。刚掌握了非暴力沟通技能的你对此会做出怎样的反应？

另一种可能就是办公室规定了由固定的某一个同事负责冲泡咖啡。如果这样，那么之前的示例可能变为让最后喝完咖啡的人告诉负责冲泡咖啡的同事，或按照既定的约定处理。

如果对方同意了你的请求，但同样的事情在之后仍屡次发生，那么你要处理的就是职场中破坏约定的问题。

示例 19

你发现每当哈罗德离开复印间后，地上都会扔满了纸，其他办公用品也被随意乱放。在针对由此而来的不满进行自我同理后，你猜测哈罗德可能因为时间有限，着急完成工作而不得不匆忙离开。当你看到他再到复印间的时候，你说："哈罗德，我看到纸和办公用品扔得到处都是，就会觉得很不舒服，因为我不愿意每次来这里复印的时候，都要先收拾屋子。你是否愿意离开时把东西收拾好？"

调节破坏的约定

职场中大家会制定一系列的约定，而且破坏约定会让人感到痛苦。约定包括完成工作项目的时间安排，工作和休息的时间安排，办公室清洁等。围绕破坏约定而展开的谈话总是充满挑战，不论是最初建立约定时的谈话，还是就员工违反约定的行为进行沟通的谈话。

我们先从管理层的角度来看这样的行为，因为并非只有普通员工才会感受到约定被破坏所带来的痛苦。作为管理层，你可以规定员工的上班时间，但如果某位员工这周有四次迟到了 15 分钟以上，你会怎样做？

当你发现自己因为对别人的行为做出评判而感到烦躁或不快，那么你首先要练习敌对印象过程，以此帮助你明确自己的哪些需要没有得到满足，从而更清楚地知道自己的请求是什么。

你首先要与对方确认，你们是否真的就约定达成了一致。一个方式就是问对方："我的理解是，你已经答应 9 点上班了，但我观察到这周之内你有四天都迟到了 15 分钟以上。是不是发生了什么事情？你能告诉我吗？"以这种方式向对方表达你的观察，可以排除自己心里的任何假设，确认双方对约定达成了共识。询问对方是否发生了什么事情能够给他机会与你分享，这样你可以试着转而思考他行为背后想得到满足的需要是什么。

停下练习

回想最近一次约定被破坏的情况。使用敌对印象过程，练习应该对当事人说什么。

传统的管理方式下，可能进行的沟通是："我不能任由你这么迟到下去！要么按时上班，要么辞职走人。"而通过了解双方的需要寻求能达成共识的管理方式，其出发点是询问，而不是由某一方直接下结论。在询问他人行为背后希望得到满足的需要时，我们询问的事情是我们可以控制的。如果你使用的是非暴力沟通的词汇，心里却盘算着"不听我的就走人"，那么这些词汇也发挥不了什么作用，因为你的目的最终还是会显露出来。因此重要的是进行敌对印象过程，或以其他方式先满足自己被同理的需要。

在明白对方希望满足什么需要后，你可以表达自己的哪些需要因为他没有按时上班而未能被满足（参见示例20）。如果双方能够互相理解这些需要，那么询问便成为满足需要的一种方式。根据我的亲身经历和别人的汇报，我发现这种方式比传统管理方式更令人满意。

示例 20

虽然哈罗德答应离开复印间时整理好东西，但你发现之后几次他还是乱放东西。你问他："哈罗德，我的理解是你已经同意在使用完复印间后整理好东西，你所理解的是否和我理解的一样？"他说："我觉得在周末前收拾好就没有问题了。"你说："你是不是希望复印完不用花太多时间来清理？""是的，我不觉得这是什么大事。"哈罗德说。

你决定再次尝试表达你的意见："我进来时若看到桌上东西被乱放，心情会十分沮丧，因为我必须先清理桌子再复印，而这样会降低我的工作效率。我希望在保持工作环境整洁方面得到支持和关心，你是否愿意花时间与我商讨如何建立一个我们都能满意的方式？"

回复电子邮件

我们中有太多人会被每天的电子邮件压得透不过气来，而这给了我们练习使用非暴力沟通的机会。首先就是在打开电子邮箱且感到不堪重负的时候练习自我同理。深吸几口气，并在整理、阅读和回复前与你的感受和需要建立并保持连接。这样能使整个过程更加顺畅。

停下练习

你对回复电子邮件有何感受？非暴力沟通能够如何改善你在回复电子邮件时的心情？

我现在仍通过电子邮件练习将非暴力沟通应用到生活中。这样的练习可以从两方面入手：阅读和回复。在阅读邮件的时候，我会猜测对方文字背后的需要，并借此练习静默同理。

我常用非暴力沟通的典型模式回复电子邮件：使用车轮句型，然后将文字修改得更符合口语表达习惯。这样能帮助我架构文字，并明确我想说的内容。"当我阅读你的邮件的时候，我感到……因为我需要……你是否愿意……"等句式也是同理的一种方式。但是在这个过程中，我发现自己很容易偏离非暴力沟通的原则。如果仅用口语的形式作出简单的回复，我很容易偏向评判，并混淆需要和策略（参见示例21）。

当我收到一封表达痛苦的邮件时，我会觉得无法用电子邮件的形式有效进行同理。因为对我来说，电子邮件不能为我提供同理的平台。我对这类邮件的策略是尝试建立连接，并请求与对方通电话，或直接进行面对面的会谈。我会如此回复："我希望能够更清楚地了解你邮件中的意思。但我觉得单单写邮件不能达到这个目的，因此我想我能否与您通话？以下几个时间我都可以……"

示例 21

　　你收到凯伦同时发给你和哈罗德的一封电子邮件："你们之中是否有人可以就附件给出一个反馈？谢谢！"你首先应用非暴力沟通的基本结构进行回复："凯伦，当我看到你的邮件时感到十分困惑，因为我需要你明确告诉我，你到底希望谁给你什么样的反馈？你是否可以将邮件准确地发给一个特定的人，并向其具体表述你希望得到什么样的反馈？"然后你对其进行修改："凯伦，你是否愿意进一步明确你邮件的内容？我想知道你到底希望具体由谁给你什么样的反馈。你可否表述得更为具体些？谢谢！"

转变终止雇佣关系的方法

　　无论是自己离职还是让他人离职，针对这个问题而进行的对话都会充满忧虑和压力。作为一名员工，在失去工作或离开不甚满意的公司时，我们不确定如何满足自己对安全感和自我实现的需要；作为管理者，我们在让员工离职的时候不愿面对自己和对方由此触发的情绪。为了在处理这些情绪的时候保护自己，我们往往会选择逃避。接下来，本书会为你找到终止雇佣关系的好方法，希望你在今后的职场生活中能灵活地运用这些方法。

　　通常雇佣问题是依靠那个我称之为"强力"的方式解决的。我把不考虑他人的需要而一个人单方面采取行动的行为称为"强力"。作为员工，如果在离职前没有尝试通过沟通解决问题，没有平等地评估自己和管理层的需要，或是未能尝试保持连接，那么我认为这就是强力离职。同样，作为管理者，如果没有同员工沟通自己的期望，或尝试提出请求、根据双方的需要达成约定，就解聘员工，那么就是在运用强力迫使员工离职。如果我行为公正，保持与别人的连接，并关心他人的需要（在满足别人需要的同时我自己的需要也得以满足），那么我就不会将使用强力作为最好的解决方式。

终止雇佣关系涉及一系列沟通过程。在终止雇佣关系前要进行一系列的沟通：也许经理和员工对一些事情不甚满意，或是公司发生了一些变化以至于员工无法按照以往的方式工作。此时双方可以针对如何做出合适的调整多次进行沟通，而非暴力沟通可以帮助双方有效地探索可行的方案。如果其中至少有一方能够不断清晰地表达自己的需要、猜测出对方的需要并提出恰当的请求以满足这些需要，那么这样的连接最终会改变你们的工作状态，或是以双方都更满意的方式共同决定结束雇佣关系。

在雇佣关系结束后，双方还要继续进行一系列的沟通：总结各方面工作、完成交接工作，或起草终止合同（因为预算问题而不得不裁员的情况除外）。即使是在这种情况下，双方仍须沟通。

面对这一极具压力的过程，不断与自己建立和保持连接是关键。以自我关爱为目的进行非暴力沟通不仅能帮助你（不管你处于何种位置）处理掉由此而产生的不悦，还能帮你找到能够达成理想效果的方式。例如在我参与的几乎所有终止雇佣关系的情况（包括我是解聘者和被解聘者两种情况）中，都存在着敌对印象。我对对方早已有评判，而我相信对方也是如此。但是当我能够抱着自我关爱和准备沟通的目的进行敌对形象过程练习时，我就能够以更合自己心意的方式去处理当时的事情。了解自己的真实需要，然后猜测对方的想法和需要，会改变我对整个事情的观察，进而改变自己的行为。

除了为了自我关爱而进行非暴力沟通之外，你还可以使用在这本书中学到的其他概念来进行终止雇佣关系过程中的高难度对话。你可以把每一次对话都当作学习的经历，顺便练习前文"处理高难度对话"中的内容。你可以使用敌对印象过程，准备并练习即将进行的对话（详见本章专门介绍敌对形象过程的部分），之后花时间反思对话的过程，并及时对自己已经得到满足或没有满足的需要进行欢庆或哀悼练习（详见第三章）。这个过程能够帮助你思考下一步该如何继续进行。由于在终止雇佣关系时通常会进行正式或非正式的评估、沟通，你也可以回顾本章专门介绍反馈与评估的内容。另外，本章其他部分也同样会有帮助，例如专门介绍权级差异的部分。

雇佣关系的终止是调节自己和对方需要的过程。我鼓励你将其中的每一段对话视为一次学习的机会：明确自己哪些需要希望被满足；明确其他人在其中的需要，提出请求以满足每个人的需要。无论你是离职的一方还是要别人离职的一方，我都鼓励你尊重并使用手中的权力，并通过与自己和对方的沟通来改变周围的世界。

在有些较为特殊的情况下，我们谈到的沟通方法可能无法发挥作用：或许有的人会被激怒；或许无法通过对话改变双方的需要而使某人感到很痛苦；或许你尝试表达了自己的需要，提出请求并达成约定，而这些都没有促成改变、满足需要等等。在这类情境中，我也会使用强力，也就是不考虑他人的需要而单方面做出行动。我称其为"保护性强力"，这也是从马歇尔那里学来的。

下面就是使用保护性强力的例子：如果你看到一个两岁的孩子在街上跑，而对面有一辆车正迎面开过来，你不会先去吸引孩子的注意力，或猜测孩子在街上跑的需要是什么，为了孩子的安全你会立即把他抱起来。我认为保护性强力最关键的是毫不愤怒地行动，不去惩罚孩子或让孩子感到内疚、羞愧。换而言之，就是在单方面做出行动的时候对自己和对方都带有同理心。

现在我们将这个理念带入职场中。例如你要处理某人的劳动合同续约问题，对方一直不能满足你的需要，而你相信对方对此也心知肚明。这时你可以试着与对方交谈，阐明自己的需要并主动猜测他的需要。你提出了请求并做了约定，但没有任何改变。此时你可能会觉得筋疲力尽，因为你已经尝试了所有能够满足双方需要、解决问题的方式却没有一点成效。

又或者作为一名员工，你感觉上班越来越痛苦，因为其他同事的行为通常不能满足你的需要，抑或是工作环境有所改变而让你无法忍受。你已经同相关同事进行了沟通，但发现并没有成功建立你想要的连接。你觉得再没有办法可以满足你的需要了。

在这些情况下，我愿意使用我理解的保护性强力，单方面采取行动。如果我已经尝试关心他人的需要，试图阐明我的需要，就我的需要进行了沟通并提出了请求，而且做了约定，那么我很可能不愿意再次同对方沟通了。现在的问题变成了我到底应该用什么样的态度采取行动？如果我想使用保护性强力，那么我就要尽最大可能在采取行动时保持心平气和，不去惩罚对方或让对方感到内疚、郁闷。我首先要做自己的功课，让我可以带着对对方的同理心去行动。如果没有同理心，那么我只会用职场中传统的强力方式行动。

我使用保护性强力评估自己的行为是否符合我的价值观。这里面不涉及任何经过认证的外在标准；换而言之，尽管我觉得对当下的情境已经无计可施，但其他更有技能或知识的人可能会有其他的办法。其实，我常常像事后诸葛亮，事情发生以后才醒悟过来，并为此感到懊悔不已。那么接下来我可以进行哀悼练习，这样当我下次再遇到相似情况的时候就可以用更合适的方式解决问题。只要我诚实地对待自己，并承认我当时已经尽力了，那么保护性强力的使用可以帮助我对自己的行为承担责任，且带着同理心行动。而同理心便成了我采取行动的动机，也衡量了我的品格。

当然，使用非暴力沟通技能和概念并不会决定某一具体的结果，这些技能并不是保障你留住饭碗或减少员工流失的灵丹妙药。有时终止雇佣关系才是对相关人员最好的解决问题的方式，有时也可以找出其他不用离职的方法。但在使用本书提到的技能和过程的时候，你会加强与自己和他人的连接，即使在终止雇佣关系这样困难的情境下也是如此。而最终的结果会更与你的价值观相符，更令你满意。

职场沟通的 52 周练习指南

第七章

简　介

　　笔者根据前面的内容延伸编纂了一套 52 周练习指南，这样做是为了将书中的内容分解，让读者更容易消化。练习指南中有"正念练习"的内容，便于读者把书中的理论应用到生活中。毕竟"纸上得来终觉浅"，要是一味空谈理论，在应用练习的时候也一定会遇到问题。下面的指南可以帮助你建立一个练习应用的架构。

　　如果你觉得这个练习架构非常实用，并且愿意每周收到练习的邮件，那么请在网站 www.nonviolentcommunication.com/workplace_tips/wpc_index.htm 上填写你的邮箱地址。

　　本章将系统详细地介绍这套 52 周练习指南的主要内容，你可以在学习过程中使用它。你也可以自己制定每周学习计划，然后从书中挑选一条指南在接下来的几天中练习。你还可以使用本书定期练习新的内容，根据你在职场中遇到的新问题再选择一条新的指南。

　　你可以让这套指南提醒自己随时练习运用所掌握的技能，把这当做一种简单的训练，并在职场上有效地使用。要记住，每次使用指南的时候，你都会经历第四章所描述的学习周期：尝试新的技能，反思这个新技能应用得如何，并选择下次需要练习的新技能。如此这般，你可以不断地成长进步，而这些技能也会融入你的生命中成为你的一部分。

"你会发现，这些需要无论是否借由你的行为得以满足，都指明了我们未来该改变行为的方向。"

指南一：迈出第一步

你是否发现自己经常处于对职场关系不满意的恶性循环中？你是否渴望提高团队的效率，让成员们齐心协力地工作？或是希望得到老板或同事的支持和尊重？

我们大多数人每天大概有三分之一的时间都在工作、通勤，或是在思考有关工作或通勤的问题中度过。因此，渴望改善职场关系或在工作中得到支持、尊重是非常正常的心理。

我们要做的第一步是反思：分析找出自己有哪些惯性思维或行为阻碍了你得到想要的职场关系。因为如果找不到根源，即使你换了工作，这些惯性思维或行为也会跟着你，不断出现在你的职场生活中。

学会从需要的层面与自己的行为连接是改变惯性行为和思维的第一步。通过反思，你会不断地发现，那些从行为（特别是你的惯性行为）中得到或未能得到满足的需要，都为你将来做出改变指明了方向。

假设你对某位同事所做的评判会产生惯性行为，那么下次这位同事再做评判的时候，你首先要检讨自己（而不是带着评判或指责的眼光审视同事）。

你可能会发现你的行为与自己的价值观并不相符，此时你应当深究你言行背后想满足的需要，例如被尊重、认可或支持，然后再反思你的这些惯性行为不能满足你的哪些需要。这样思考之后你很自然地就会提出一个问题："下次我应该如何调整我的行为来更好地满足我的需要？"

正念练习

　　这周花一段时间来观察你对某位同事、上级或客户的某种惯性行为。思考一下，你的这种行为是否符合你的价值观？这个行为能满足（或未能满足）哪些需要？

"与自己的需要相连，以此逐渐让自己的目标清晰。"

指南二：练习车轮句型

　　你有雄心壮志吗？你是否迫不及待地想要在职场上使用新学的非暴力沟通技能，并期望看到效果？

　　若要让非暴力沟通的几个要素根深蒂固地融入自己的生活中，首先你就得改变思维模式，让你新的行为符合自己新的价值观。简而言之，熟能生巧。

　　使用所谓的非暴力沟通车轮句型能够帮助你掌握非暴力沟通的四个基本要素。我们的车轮句型中就涉及对这些要素的训练。

　　非暴力沟通的四个要素和车轮句型是：

1. 观察："当我听到……"
2. 感受："我感到……"
3. 需要："因为我需要……"
4. 请求："你是否愿意……"

没有做这种练习的人通常要花很长时间，才能让非暴力沟通真正改变自己的思维模式，或者他们可能完全做不到这一点。因为练习车轮句型能够有效地让你融会贯通。

不要跳过对车轮句型的练习，你应把它当做达成最终目的的重要一环。

正念练习

这周继续练习车轮句型："当我看到 / 听到……我感到……因为我需要……你是否愿意……"。每天至少练习一次，反思自己某一次与别人的互动。留心自己如何通过这样的练习来掌握非暴力沟通的四个基本要素。

"对方的任何言行都可以用同理或某种自我连接的方式作出回应。"

指南三：先有鸡还是先有蛋

你对在职场中使用非暴力沟通时是否心存忐忑呢？你是否担心同事

会感觉你的说话方式开始变得如此奇怪？你的这种忐忑其实是个"先有鸡还是先有蛋"的问题："你要是害怕使用这些技能，又怎么能成功掌握它们呢？但我在掌握这些技能之前，又该如何自如地使用它们呢？"

在职场使用非暴力沟通技能的一个强有力的方式就是静默练习，你无须让他人知道便能在工作中使用非暴力沟通。

静默练习的一个方式是"意识连接阻碍"，这个练习能帮助我们发现沟通本身对建立连接的阻碍。

静默地练习以下几步：

1. 发现自己在谈话中没有与同事或上级建立连接的情况。

2. 当你意识到自己没有以合自己的心意的方式与对方建立连接的时候，思考自己或对方是否有以下几种情况：捍卫某个立场、解释、进行道德上的评判、评估对方、指责对方、希望惩罚对方或你自己"需要"成为正确的一方。你心底里希望对方被感动、感到内疚或羞愧同样也会阻碍彼此建立连接。

发现并意识到这些阻碍是学习非暴力沟通重要的第一步。

正念练习

这周花时间静默地回顾一下工作中一次沟通并不顺利的对话，思考自己的思维方式是否对你共情和同理的能力产生了负面影响。

"在开始对话前就发现你想要被满足的需要和请求，能给你带来很多好处。"

指南四：你知道你的情绪触发器吗

同样的职场环境，一种情况下你认为充斥着各种各样的冲突和情绪，另一种情况下你认为拥有良好的人际互动关系。要了解为何有此区别，关键你得了解引发自己情绪的触发器是什么。

情绪触发器可以是某个词汇、某种行为或其他任何可以触发你负面情绪的人和事物。当你有了负面情绪的时候，不要用会令自己后悔的情绪、言词和行为回应。相反，你可以把这样的情境视为一个机会，一个帮助你发现自己哪些需要没有被满足的机会。

如果我们不能清楚地意识到这一点，那么一个情绪触发器可以让你形成某种惯性反应。但无论你的惯性反应表现出来的是什么（可以是愤怒、评估或是生闷气），它都不能让你满足自己的需要。

自我同理能够有效地干预那些触发你情绪的情境，让你能够采取不一样的应对方式。如果某个情境让你有了负面情绪，而促使你下意识地采取某个反应，你可以进行自我同理并用车轮句型与自己的感受和需要连接："当我听到 / 看到……我感到……因为我需要……"。

正念练习

在这周内尽可能多地发现自己的情绪触发器。把会触发你情绪的行为、言词或经历列出来，发现它们与你的惯性反应之间的联系。

"当我们痛苦的时候，我们的思想就像旋风一样急速飞转，导致我们无法同理别人，直到自己被同理的需要得到满足。"

指南五：我们现在就需要谈谈

为了追求效率、提升工作质量以及加强团队合作，你是否会逼着自己在没有做好充分准备的情况下就直接面对与同事的冲突？你或许觉得把事情说出来是释放怒气或驱散挫败感的最好方式，而且最终能够让你继续工作。

但实则不然。这样做只会让你和对方更加挫败，无法让彼此重新建立连接。

在你开始与同事或老板谈话之前，花几分钟时间先进行自我同理，尝试与自己的感受和需要建立连接。

如果你猜测到接下来的谈话、会议、互动会很艰难，那么事先按照以下几步练习：

1. 观察：不带评估地发现对方（之前）真正说了或做了什么。

2. 感受：不带评估地发现自己的感受。

3. 需要：不带指责地发现对方的言行让自己的哪些需要得到了满足（或哪些需要没有被满足）。

在用自我同理的方式准备接下来的互动时，要注意自己的思维过程和感受的改变。你可以想象一下：这个过程在真正开展对话时如何改变你的动机？

正念练习

这周让自己在进行一个高难度对话、参加会议或面对同事和客户之前练习这几步。继续重复这个过程直到你发现自己的目的不再是评判、指责或自称为"对的一方"。

"即使不做其他练习，也要不断满足自己被同理的需要。这样会改变你的人生。"

指南六：你怎么了

指南五让我们看到自我同理的价值：它帮助我们在面对高难度沟通的时候愿意与对方连接，而不是自卫、气愤或痛苦。

在进行充分的自我同理后，你的目的和重点会转向对方，并且你会很自然地思考："这个人是怎么回事？"

如果在没有满足自己的需要之前问这个问题，你则会很自然地去总结对方的"错误"。例如："如果他不这么混蛋，那么这些事情都不可能发生。"当你同理之后，问题就会变成："他有哪些需要希望被满足？"

你也可以通过静默同理的方式很安全地不出声问这些问题。这与自我同理的方式一样，区别只是自我同理是同理自己，而静默同理是去同理他人。你要去猜想对方身上发生了什么，他想要满足什么需要。

在这两步完成之后，你就会发现自己的行为举止都发生了变化。你的目的也转变成了与对方产生共情，至少是表示了理解，可以与对方坦诚沟通。如此一来，你就有更大可能满足自己以及对方的需要了。

正念练习

通过这种练习自我同理和静默同理的方式，来让自己做好准备进行高难度的对话。注意留心自己的感受和肢体语言的改变。

"非暴力沟通不是让你改变说话的方式，而是让你改变你的思维和看待世界的方式。"

指南七：练习，练习，再练习

你无须等到情绪被触发、心烦气躁时才去练习自我同理或静默同理。你平时练习得越多，当情绪被真正触发时，你就会越自然地去同理。因此，尽可能地利用职场带给你的机会来练习同理吧。

1. 会议上：运用静默同理将对同事的评判转变为感受或需要。

2. 通勤路上：如果你发现自己在上下班通勤的路上，情绪容易被触发，那么深呼吸，通过自我同理来与自己的感受和需要建立连接。然后用静默同理与同行的人的需要连接，特别是激发你情绪的司机。

3. 电子邮件：在给同事写一封带有情绪的电子邮件前，用非暴力沟通中的自我同理练习，先试着写一封邮件，写出你对同事的行为产生的观察、感受和需要。然后用静默同理的方式再写一封邮件，猜测对方希望通过刚才的行为满足他的哪些需要。最后在邮件的末尾提出请求："这是真的吗？我想的是对的吗？"

正念练习

　　这周练习交替使用静默同理和自我同理，注意自己肢体语言、面部表情和目的的变化。

　　"对方会因为我肢体语言、语言表达方式的改变而对自己的行为作出调整。"

指南八：指责游戏

　　我们一旦在职场上出现问题，都会玩指责游戏，不遗余力地争辩到底是自己还是对方错了。我们对这个游戏驾轻就熟，因为它早已深深地植入我们的语言中：

- "他没错。"
- "她别无选择。"
- "除了这样没有别的办法了。"
- "我只能这样做。"

与指责相关的感受是气愤、抑郁和愧疚。很自然，当你试图通过指责他人来避免让自己受到惩罚的时候，你的需要是无法得到满足的，你只会感到气愤、抑郁、羞愧或内疚。

你在职场中玩指责游戏的频率有多高？

正念练习

这周要留心是在哪些情境中你开始进行指责游戏的？要意识到整个过程如何限制了你的选择，特别是如何限制了你做出正面积极的选择。

"欢庆（赞美）是感恩的核心。请为你和他人创造了一个更可喜的世界而感恩。"

指南九：做得好

我们通常会说需要改进某些做得不好的行为，但常常忘记欢庆某件做得好的事情。实际上，即使像很好地完成了一次对话、会议或团队建设这样的小事，也值得我们欢庆。

但是很多时候我们的欢庆都仅限于一句"谢谢"或"不错"，而这些都不足以具体表达出我们内心真正的情感。

非暴力沟通为我们提供了一系列能够从需要的层面正确表达欢庆的词汇，而不仅仅只是简单的"谢谢"或"不错"。

例如你对自己某次使用同理技巧来处理客户关系的经历非常满意，那么你可以再次回忆这次互动，同时问自己："我有什么感受？我的哪些需要因此得到了满足？"

你可能会回答："我感到满足和自信，因为客户表示对我能够同理她感到非常开心，她相信我理解她的处境。得到这样的回应后我觉得我做出贡献的需要得到了满足。"

从需要的层面思考，你希望欢庆最近的哪次互动或成就？

正念练习

这周从需要的层面去思考你想欢庆哪件事情。用上述几个步骤同自己或他人交流这次欢庆过程，要观察使用这种基于需要的欢庆方式与普通欢庆方式有哪些不同。

> "我已经同希望得到满足的需要相连，并且思考了可以满足这个需要的方式。"

指南十：这个人需要提高

你的同事或上级可能给过你这样的反馈：

1. 你很难相处。

2. 你没有团队合作精神。

3. 你太不会沟通了，没人愿意跟你一起工作。

4. 你没有尽全力。

毫无疑问，这样的反馈无益于改进你的行为；相反，只会让你感到气愤、抑郁、羞愧或内疚。

如果你在工作中与周围人的某次互动不合你的心意，不要让它影响你对自己的判断。

相反，你可以用自我同理哀悼这次经历，这样能将你从毫无益处的自我评估带回学习周期中。

不用同事在场你就可以使用哀悼练习。你可以选择在脑海中自行练习，也可以请一位朋友帮忙。你可以在意识到自己不喜欢这次互动的那一刻进行练习，并观察你的反应和感受，分析出背后没有得到满足的需要。

若要让自己从在职场上被贴的标签或所做的评估中得到释放，那么你要做的第一步就是不要评估自己。

正念练习

这周要意识到自己在某次互动中开始自我评估或评估同事。要注意自己是如何通过进行哀悼练习避免这种评估的。

"在开始学习使用一项新技能的时候，关键是要时刻提醒自己使用它。"

指南十一：写下来

在日常生活中我们很容易忘记我们需要练习非暴力沟通。

承诺每天练习能够帮助你记得这些技能可以使用，而且提醒你自己尝试去使用它。可以考虑把你对此的承诺写下来，并放在书桌旁。找个练习伙伴，帮助你践行承诺，将大有助益。

每天练习的一个简单方法就是与伙伴一起进行哀悼或欢庆练习。你们可以通过电话甚至邮件来做这项练习。尽管这看上去很微不足道，却能让你意识到可以使用非暴力沟通的四个基本要素，并开始关注自己的一言一行。

你可以自己或与练习伙伴一起找一件你希望哀悼的事情，不带任何评判地观察这次经历、表达你的感受和未能被满足的需要，然后再用同样的方式找出一件你希望欢庆的事情进行练习。

> 这周你要把每天练习的承诺写在纸上，并放在一个明显的地方。如果觉得有必要，你也可以找一个练习伙伴。

"每天练习最大的好处就是从过去一味指责和惩罚的怪圈中走出来，转而进入学习的模式中。"

指南十二：你真的很没有礼貌

如果我不能与自己建立并保持连接，而且觉得此前某一时刻发生的事情让我感到很痛苦，那么我就处在了一个典型的指责和惩罚的怪圈中。

这就意味着你在为已经发生的事情责备别人或自己，这个怪圈在职场中很常见。之所以出现这样的怪圈，是因为我们关注的是自己不喜欢的事情，而不是自己喜欢的事情。

例如，如果有同事在开会的时候打断我，我说"这个人真没有礼貌"，那么事情不会因为我说的这句话有任何变化。所以，仅仅让自己不去指责或评判别人的言行是不够的。

相反，我们可以使用哀悼练习，陈述自己的观察："这个人的行为我不喜欢，因为我被尊重的需要没有被满足。"这样做可以使你真正融入这段经历之中，而你的思维及随后你采取的行动，能够让你被尊重的需要重新得以满足。

这时使用静默同理是跳出指责和惩罚怪圈的一个好办法，也是一味缓解情绪爆发的良药。

正念练习

在接下来的一周中，找出一件引发你指责或评判的事情，回忆整个情景并用哀悼练习与自己的感受和需要连接。注意整个过程是如何让你改变指责或评判的思维的。

"如果我不能与自己建立并保持连接，而且觉得此前某一时刻发生的事情让我感到很痛苦，那么我就处在了一个典型的指责和惩罚的怪圈中。"

指南十三：建立你的情感词汇

你有没有觉得一些简单的词汇（例如好、坏、伤心或生气）难以准确描述你的感受？其实不是只有你一个人有这样的感受。

一直以来，职场都不是一个讲感受和需要的地方；相反，感受和需要常被视为提高工作效率的大敌。传统观点认为，职场中人需要理性处理工作，所以应当压制自己的感受和需要。

而实际上，发现自我感受和需要能够满足我们被同理的需要，这样做可以大大提高我们的工作效率。

寻找能确切描述我们感受和需要的词汇在当下能够给予我们极大的帮助。我们手边要有一个感觉和需要的词汇表，在你表述不清你的感受或需要时可以参考它。

正念练习

这周列出一份感受和需要的词汇表（参考附录二和附录四），并常把它放在手边，然后试着每天用它来帮你描述一个自己的感受或需要。观察通过改善自己的词汇，你是否能更好地猜测周围人的感受和需要？

"非暴力沟通深层的练习可以在不知不觉中进行。"

指南十四：继续吧，让你自己走出去

在职场实践非暴力沟通学习周期的关键是练习。利用早晚上下班通勤、吃午饭和休息的时间，你每天都有很多机会可以练习非暴力沟通技能。

承诺下功夫利用这些机会练习，能够帮你增强自信心并熟练掌握新的词汇，而且这样做不会带来任何真正的风险。

这样也能让你无论身处何地，都能更自然地转入同理的思维。你怎样才能让自己"走出去"？你能不能想到职场上一些可能会激发情绪的场景，并借此练习静默同理或自我同理？

正念练习

　　这周之内，每天至少发现一次能让你"走出去"练习非暴力沟通的自我同理或静默同理的机会。

　　　"实践非暴力沟通学习周期的关键是练习。"

指南十五：你说话怎么这么奇怪

　　你在学习使用一个新的沟通方式的过程中，与你有所接触的人可能会注意到或开始思考你为什么会有这样的变化。他们甚至可能会直接问你："你说话怎么这么奇怪？"所有这些他们的好奇或者说是评判，都可能会让你觉得有些尴尬。

　　出声练习非暴力沟通技能是学习过程的核心环节，而找到"对的"伙伴是安全地、充满信心地练习的关键。和伙伴练习的最佳地点是你最外围或最核心的人际圈子。

　　1. 人际关系最里圈：包括亲密伴侣、家庭成员，甚至是工作中联系紧密的同事。

　　2. 人际关系最外圈：包括与你有过交流但彼此不认识，而且很可能不会再联系的人，如推销员、出租车司机、电话客服等等。

　　如果你在最里圈找一个练习伙伴，一定要事先征求对方的同意。这样一来，即使你在练习时遇到困难，对方也不会对你进行评判、批评。

你们可以约定一个口头协议，例如："我现在对非暴力沟通非常感兴趣，我想在平时的交流中更多地使用这个技能，所以我的说话方式可能会和平时不太一样。如果我们交流的时候你感到任何不舒服，或你不喜欢我说的，我想请你立刻告诉我，我们再一起调整解决。"

这样的承诺协议会帮你建立一个安全的练习环境，让你不再惧怕批评，同时你的练习伙伴也会给你有用的反馈。

正念练习

这周思考在你人际关系最里圈中，有谁可以与你约定这样的练习协议。练习你可以怎样向对方提出这样的请求。

"大多数情况下，只要我说出自己想要的东西，就会增加我达成愿望的可能性。"

指南十六：请让我慢慢地说出来……

在指南十五的练习中，我们谈到了如何与人际关系最里圈的人练习非暴力沟通。这些人与你最亲密，也最了解你。其中也强调了与练习伙伴事先就一起练习的重要性达成共识。

假设你选择在家里练习车轮句型，如果没有承诺练习并与你的目的连接，可能会显得你的沟通不够真诚，因为你的语句不够随意，总会有所克制，或是你的"老我"和"新我"之间发生了冲突使你无法顺利表达清楚。

一种很好的练习承诺的方式就是"意识承诺"。通过意识承诺，你的练习伙伴可以不断地帮助你区分非暴力沟通的几个关键概念：

1. 观察与评判。

2. 感受与伪装成感受的评判。

3. 需要和满足需要的方式。

4. 请求与要求。

例如你在分享自己一天的经历时，你的练习伙伴可以提醒你，在描述时注意这几个概念的区别。

正念练习

在你人际关系最里圈的人中，谁最有可能和你达成意识承诺？思考如何表达这个承诺，并在这周尝试。

"有意识地提出需要帮助的请求，并对一个本没有意识的行为予以承诺，能够帮助我对这样的行为更有意识。"

指南十七："请提醒我"

练习承诺的第二种方式是提醒承诺。之所以要建立这种承诺，是因为我们要明白,当我们尝试使用新的沟通技能时,很容易在情绪激烈时仍使用原来惯有的行为方式。与他人一起使用提醒承诺,能够让对方在看到我们做出与自己期望中不一样的行为时,及时提醒我们。

　　这类提醒最能满足我们学习的需要,在练习时,你和你的练习伙伴可以试着将它写下来。要明确写出当你的行为与预期出现偏差时,你期望从练习伙伴那里得到怎样的反馈。思考一个他可以问你的、不会再次触发你的情绪的问题。(例如,不要说"这是个评判!"相反,对方可以说:"你觉得这是个观察还是评判呢?")把这个问题写下来。随着双方使用承诺的经验越来越丰富,你们可以不断调整这个承诺的问题。记住,这个承诺是帮助你学习的,而不是要求你严格遵守那些在一开始设置的问题的。

正念练习

　　思考一个你希望改变的行为。在你的生活中,有谁可以与你一起使用提醒承诺,来帮助你改变这个行为?你希望对方问你什么具体的问题或给你什么具体的回应?

"如不加以练习，你就不能达成与他人相连、进行非暴力沟通的目的。"

指南十八：你有何目的

学习新的沟通技能能够让你更好地掌握新的知识，并在未来与同事更好地互动。

有时我们会想，只有使用非暴力沟通才能让我们的沟通更加积极，这样我们就会非常激动。于是在这种思想的驱使之下，我们开始强迫自己与同事使用非暴力沟通。而有悖于初衷的是，练习最终变成了评判："如果我同事能做对的话，我们就不会有这个冲突！"

在你练习非暴力沟通的时候，重要的是要时刻与自己的目的保持连接，否则你就可能让新的技能成为防御或攻击的新战场，而你则疲于使自己占领制高点。这样就不能达成支持、改善沟通的目的。

除了设立练习承诺外，还要明确学习、使用非暴力沟通的目的。你希望通过掌握这项新技能，让自己更具同理心，是为了达成什么目的？

正念练习

这周思考你在职场中学习和使用非暴力沟通的目的，并把目的写在纸上。这样你就可以一边练习，一边与目的建立连接。

"有时候，在职场中发生争执时，我们的最佳选择就是暂时离开争执现场，给自己同理的时间，重新与自己的需要连接。"

指南十九：慢慢来

若你在没有与目的相连的情况下情绪被激发，让自己从当下的情境中抽身而出不失为一个好的策略。况且抽身离开的方式也会防止进一步触发他人的情绪。

例如，如果你在与同事谈话时情绪被激发，那么你可以提出休息一会儿。但提出这个请求的时候表达要清晰，要明确你的目的是需要花几分钟时间重新与自己连接，这样你回来的时候会更好地参与对话。

如果你觉得直接提出离开不合适或是不会被允许，你也可以说"我要去一趟洗手间"。

暂时离开其实是给自己一定的时间进行自我同理，并重新与自己的目的建立连接。

正念练习

这周提醒自己在必要时抽身离开，并使用静默同理或自我同理，与自己的感受和需要相连。

"有人害怕一旦说出心里真正想要的，就会暴露出弱点。"

指南二十：如果你想要什么，就说出来

自我修改指的是当我们思考自己想要什么的时候脑海里的声音。例如："我特别希望他能提前让我知道要我参与一个新的项目，这样我就能做好更充分的准备。但是他总是不跟我事先沟通，他的这个习惯不会改。即使他改了，我还是要放下手头的所有事情来完成他布置的新的任务。这样的话，我为什么还要对他说呢？"

换句话说，你可能觉得自己的需要没有被满足，但提出要求又可能会影响你们之间的关系，因此你选择不说。

当你自我修改的时候，你可以发现你正把一些个人想法强加给对方、当下的情境、甚至你自己身上。例如，你可能会觉得"他不关心我怎么想"，"他会把我的要求当成批评"，或"他最终还是会按他的方式来做"。

意识到这些问题后，你可以审视这些问题背后的想法并找出背后的需要，问自己是否需要通过正式向同事提出要求，来判断此前的想法是否正确。

正念练习

这周要留意你是否在思考如何提出一个清晰的请求时进行了自我修改。试着找出自我修改背后的想法并与相应的需要相连。

> "我越明白自己的需要，请求就会越清晰，对方也越清楚如何回应。"

指南二十一：梦想是缥缈的，请求是清晰的

你是否曾因为同事未能按照你的要求完成工作而感到困扰？

在大多数情况下，尽管你认为你的请求已经表述得足够清晰，但仔细分析后又会发现其实你并没有真正发出请求。

通常，我们之所以不能表达出一个清晰的请求，是因为我们没有意识到宽泛的梦想，与请求他人做出具体、可执行的行为之间的区别。

当你把梦想当做请求去与人沟通时，对方可能有很多种解读。有的同事可能仅仅把它当做你的梦想，因此并不会做出具体的回应。而有的同事可能把它当做请求，并做出具体的回应，但这个回应也可能与你的想法迥然不同。面对这两种情形，你都会觉得"没人把我当回事儿"或是"这个团队没有一点儿合作精神"。

如果能区分开缥缈的梦想与清晰、可执行的请求，我们就不会失望，从而让心中所想得以实现。

正念练习

这周要留心自己是如何发出请求的。这些请求具有可执行性，还是仅仅是梦想？如何把这些梦想转换成清晰的请求？

> "你不能控制别人如何接受你的沟通，你只能控制自己的
> 沟通目的和方式，也就是你的言行。"

指南二十二：一个清晰请求的结构

指南二十一告诉我们如何区分梦想和希望他人未来完成的请求。

清晰的请求有以下几个特征：

1. 具有可执行性；

2. 用现在时态表达；

3. 用正面的语言陈述。

非暴力沟通最基本的特点就是：请求绝非要求或命令；也就是说，即使对方未能达成你的请求，他也不会受到任何身体或精神上的威胁。

即使你的请求满足了这些条件，但真正与要求不同的是你的目的。因为同样的话语既可以用来表达请求，也可以用来表达要求。如果你带着要求的情绪与别人沟通，那么无论使用什么词汇，你发出的都不会是请求。

正念练习

这周思考你对同事发出的一个请求，想想自己这个请求背后的目的是什么。你觉得同事是否理解这个请求？为什么？

"一旦你清楚自己的请求，那么你用几个词就能把它表达清楚。"

指南二十三："我做不了"

指南二十二描述了一个清楚的请求所包含的第一个要素：可执行。发出一个可执行的请求看似简单，实际上我们常常会发现自己的请求最终无法执行。

一个领导可能会对下属说："你不要觉得事情是针对你。"这听上去可能是一个合理的请求，但实际上却并不可执行。因为这个请求缺少一个重要的信息组成部分：领导到底希望下属采取哪些具体行动才能满足他的需要？

一个可执行的请求可以是："下次在别人对你的项目做反馈的时候，你是否可以先说出对这个反馈的理解，然后再采取行动？这样可以确保你没有误解别人的反馈。"

领导这样的请求就是可执行的，也能够确保他对提高合作效率的需要得到满足。

正念练习

接下来的一周里，你要观察自己提出的请求。这些请求是否具有可行性？如果不具可行性，你要如何修改你的请求？

"通常当我们想到要提出一个请求时，我们会觉得这意味着我们对别人的行为不满意。"

指南二十四：告诉我你想要什么

用正面的语言提出请求是指我们要说出自己想要的，而不是不想要的。

一想到提出请求，大多数人就会觉得是要表述自己不喜欢的事情。这种想法很正常。例如，你和同事正在为某件事争吵，而你觉得同事的声音过大，这时你的第一反应是："你可不可以别吵！"这就是在向对方表述你不喜欢的东西：吵闹。

在这种情况下，你想要什么呢？你想要的是对方控制他自己的情绪和音量，所以你的请求可以是："你是否愿意把音量控制在和我差不多的音量范围内呢？"或者"你是否愿意安静听我说一分钟呢？"

如果你意识到了自己的请求是在陈述自己不喜欢的事情，那么你可以花一分钟的时间将它变为你想要得到的东西，这样或许更为有效。

正念练习

这周注意观察你向同事发出的请求。你所用的语言关注的是否是你不想要的东西？你如何将它转换为正面的语言？

"我们都知道生活有时候会不遂人愿。"

指南二十五：你现在想要什么

"周五五点钟前把报告给我"或"这个月底前要跟客户吃午饭"，这些看上去似乎都是合理的请求。

然而生活中会有很多突发的事情，可能使你无法按计划完成你已经答应的别人的请求。例如可能会遭遇自然灾害，个人或家中会出现问题，或是更常见的一些小事搅乱了你的计划。如果严苛按照字面意思让别人同意或承诺在周五五点钟前完成报告，就意味着让对方承诺一件他自己都没有办法确保在那一时刻真正来临时能够顺利完成的事情。

相反，要询问对方当下的意愿："你现在是否愿意在周五五点钟前把报告给我？"这样在不经意间，这个请求便清晰地表达出我们询问的是对方当下而非未来的想法，由此避免了很多不必要的冲突。

正念练习

思考你最近向别人发出的一个请求。如何将这个请求修改得更具有可执行性，并确保用正面的语言询问对方当下的意愿？

> "当你询问对方在听完你的话语后有什么感受时，你其实就是在尝试评估你们之间所建立的连接。"

指南二十六：这是哪种请求

你是否觉得自己或对方提出的请求很混乱？你是否不清楚该如何组织语言以清楚地表达自己的请求？

有时思考你要提的请求属于哪一类，能够自然地帮助你更好地表达。下面是请求的两种类型：

1. 行动请求

要求自己或他人改变行为。你默认如果达成这类请求，你的需要就会被满足。例如，"你是否愿意给我倒杯水呢？"

2. 过程请求

过程请求分两种：一是需要对方重复你刚才的话语；二是让对方告诉你他们听后的感受。

当你询问对方在听完你的话语后有什么感受时，你其实就是在尝试评估你们之间所建立的连接。

当你让对方复述你刚才的话语时，你可以借此评判你的信息是否以自己期待的方式被倾听和接受。

正念练习

在接下来的一周中，思考如何在之前的某次对话或未来会进行的某次对话中加入过程请求。过程请求能够如何帮你与对方建立并保持连接，让请求表达得更清晰？

"我们的目标是要让你的需要和请求变得更加清晰。用可执行、正面的语言询问他人当下的意愿，可以减少请求中的假定成分。"

指南二十七：小心猜测

我们在提出请求的时候，经常会在请求中夹杂假定成分，从而让请求变得含糊不清。例如，你昨晚汇报时，领导说："要让我知道。"这句话里他的请求到底是什么呢？

你的领导可能是要你告诉他项目计划的任何变动，但你可能会觉得他是要你每天写邮件向他汇报进展。这样含糊的表达会让表达者与接收者之间产生冲突，因为请求表达得不够清晰。

在工作中，你是否有过这样的经历：你有某个诉求，并且还与同事提到过这个诉求，但却没有将它以请求的方式提出来。如果你感觉到或已经听到别人提出了请求，而希望对方能够表述得更清楚，那么你可以将自己对这个请求的理解复述出来，说给对方听。将这个请求用可执行的、正面的语言表达出来，并表达出是询问对方当下意愿的态度。

这样，你的需要更可能被满足，同时还能帮助他人满足需要。

正念练习

这周认真倾听同事简单、含糊地表达请求。尝试向对方复述你所听到的内容，使你们的沟通更加清晰。

"每次给别人贴上标签的时候，我们就是在限制对方的人性，贬低对方，并在此基础上与他们互动。"

指南二十八："谁是你的职场敌人"

你可能会想：我没有敌人，我跟每个人沟通得都很好！

"敌对印象"这个词是由卢森堡博士原创的。当你用评判、判断或分析的眼光来看待他人或是自己的时候，你便有了一个敌对印象。

"他没有能力。""他控制欲太强。""他把事情搞砸了。"这些评判都限制了对方的人性。当我们给对方贴上这些标签的时候，我们就是在以这种贬低对方的方式与他们进行互动。

假设你内心真的认为你的领导是个差劲的领导，你可能会觉得只要你不把这个想法表现出来，就不会对彼此产生伤害。但其实不然，这个标签会限制你对对方行为的解读或是对其潜力的认识。同样地，如果你给自己贴了标签，那这个标签也会让你不能发挥自如。

要记住你的想法会影响你的感受，进而影响你的语音、语调、措辞，甚至是在说话时所带出的能量。

正念练习

这周你可以选择一个对自己或他人带有评判性的想法，例如"我搞砸了"或是"这个人真是不可救药"。当这个想法出现在脑海中时，你可以问自己："我希望通过这个想法满足自己的什么需要呢？"

"每次我在脑海中或在言行上对别人或自己做出评判、判断的时候，我就有了一个敌对印象。"

指南二十九：你如何看待自己的领导

当一个人比你权级高（例如你的领导）时，你会很容易对他产生某种看法或评判。这些评判会给你们之间的互动带来负面影响，还会降低你的工作效率，让你无法享受工作。你对领导或其他权级比你高的人的看法是如何影响你的？

为了将这个敌对印象转换为能够让你享受工作的能量，你首先要意识到你的敌对印象反映的是你的一个未能被满足的需要。不要将关注点全部放在印象本身或是它指向的人上，要思考这个想法产生的根源。

你在表达这个敌对印象的时候，你的哪些需要没有得到满足？试着从表达需要的词汇表中找出最能反映敌对印象背后的需要的词汇。这样你会感到满足，同时你的感受也会有所改变。

正念练习

在接下来的一周里，找到一个适合使用敌对印象过程的情境，做这个练习，并记录结果如何。

"如果我们充分坦诚地同他人分享我们的需要，并与需要建立和保持连接，那么我们的需要被满足的可能性就会增加。"

指南三十：同理"敌人"

指南二十九中谈到了用静默同理来与敌对印象背后的需要建立连接。这个敌对印象针对的是职场中的权威人士，可如果"自己"就是敌人，那么这个同理的过程也同样适用。

如果你认为某个领导大权独揽，那么你可能发现这个评判的背后是你自主和被信任的需要。你知道自己独立工作会更有创造性并且效果会更好，因此你希望你的领导在整个工作过程中能够充分相信你。

现在，我们要完全转变这个敌对印象。与你领导大权独揽背后的需要建立连接同样非常重要。在你发掘他的需要时，思考你的想法或言行能够做出怎样的改变。这样，你可能就会发现这个敌对印象被完全打破，对方在你心里也更具人性了。

正念练习

在接下来的一周中，留心发现你在职场中存在敌对印象的人，他可能只是你的同事，也可能是某个有权力的人。使用静默同理，发现改善你们之间关系的方法。

"当我们预想到接下来的互动会有很大的难度时，我们可以采取一定的措施，让互动更令人满意。"

指南三十一：世上无难事

大家都能举出"难以应对的工作对话"的例子。没有人真的喜欢这样的互动，但因为是工作而都不得不去应对。这也包括你不得不指出某个降低工作效率的冲突。

你是否希望自己在参与这些对话的时候，能够更加自信？如果是，那么你可以尝试以下几步：

第一步，发现你的敌对印象。

要确保对话的畅通，其中不涉及任何敌对印象。具体参照指南二十九和指南三十。

第二步，反思第一步。

你可能发现在做完第一步之后，你的思维已经得到了改变。你能否用语言表达出自己从第一步中学到了什么？

第三步，练习角色扮演。

如果你担心在真正开始对话后，你的情绪可能会被触发，那么可以与一个你信任的朋友一起出声练习这段即将开始的对话，练习如何回应对方那些会触发你情绪的言语。

正念练习

你是否正参与一个高难度的对话？在接下来的一周中，尝试练习上面提到的三步，同时问自己："我在参与这段对话时是否变得更有信心了？"

"使用非暴力沟通最核心的目的，就是建立连接。我们每个人都要同自己和他人连接，才能产生令自己和他人满意的结果。"

指南三十二：一种新的会议准备方式

你是否要与同事或下属沟通一件非常难以应对的事情？或许是削减福利，或许是裁员，或许是其他更糟的事情。

如果你谨慎思考这件事情对员工可能产生的影响，那么你就会在分享相关信息和你的价值观的时候，与他们建立连接。

如果要与别人沟通一个难以说出口的、非常不好的消息，那你可以换一种方式为这个沟通做准备。用自我同理的方式检查自己的准备工作，发现你对这个信息的感受及其背后已经得到或没有得到满足的需要。这里特别强调包括你作为领导的价值观。

在做准备的时候，你可以在纸上写下你所发现的这些需要。这个反思的过程能够帮你重拾你的需要，并帮助你在对方气愤、痛苦或评判的时候仍然保持与你自己的需要连接。

正念练习

这周在进行高难度对话前，至少花十分钟的时间进行自我同理。注意在真正沟通时你所发生的变化。

"非暴力沟通既简单又复杂。"

指南三十三：你学到了什么

你成功与同事进行了一段高难度对话，恭喜你！事后你觉得非常成功与满意。但是你究竟从中学到了什么呢？

继续在职场使用非暴力沟通技能的一个非常好的方式，就是在每次高难度对话完成后，花几分钟静默回顾这段对话。你可以自己独自进行，也可以找练习伙伴一起回顾。

在沟通之后写下对自己行为的观察以及你在刚开始沟通时的感受。（你是否采取了和以往不同的方式来准备这段对话？这个方式是否有效？）

你也可以对沟通进行回顾。你能否找到一个值得欢庆的细节，以及一个你觉得应该做得更好，或者可以进行哀悼练习的细节？

如果你觉得在沟通时对他人或自己进行了评判，那么要问自己哪些需要因此而没有得到满足。每次都要做这样的回顾，这样你能更好地使用感觉词汇并更加熟悉非暴力沟通的过程。

正念练习

这周选择一段工作中的对话，练习回顾这段对话。你可以将对话内容写在纸上或是直接告诉练习伙伴。

"尽管我是想满足有趣、诙谐的需要，但有的人仍觉得我的幽默令其难受。"

指南三十四：这并不好笑

在职场中，表现幽默是件很有挑战性的事情。很少有人反对工作中有幽默感，但有些笑话会让人有所抱怨，会让职场中产生不和谐甚至敌对气氛。你在职场中如何处理幽默？你如何平衡自己有趣、诙谐的需要以及在职场中安全、舒服和被信任的需要？

思考自己在职场中表现幽默背后最首要的目的是什么？是想要变得幽默、诙谐，还是要掩盖紧张或是渴望被接纳，或是其他？

"我想如果我的幽默背后还有其他目的，例如要指导或是惩罚、批评别人，那么这个幽默表现出来后很可能会触发别人的情绪。"

另一个要问自己的重要问题就是："别人是如何看待我的幽默的？"对方是否能与你的需要建立连接？对方的感受是否与你的目的大相径庭？

正念练习

思考你自己或别人幽默的话语，并尝试与这些幽默背后的目的建立连接。你认为这些目的具体是什么？

"即使你不是会议负责人，你也可以让会议更令人满意。"

指南三十五：这次会议完全是浪费时间

很多时候，你可能会抱怨参加的会议毫无意义。有的时候会议的内容听上去没有目的或方向，或是其他与会者侃侃而谈，让你没有参与感，从而失去了兴趣。很多会议会让人产生负面的联想。

即使你不是会议负责人，你也可以让会议更令人满意。其中一个方式就是打断会议。这看上去会令人不满，因为这样做别人会觉得你无礼，并不能让你与希望会议变得清晰的目的相连。

在打断会议前，你要明确自己通过打断发言者希望满足什么需要。你的目的是不是想让发言者说话更清晰，把他的意思传达得更简洁清楚？

你可以使用静默同理来与这些需要连接。

正念练习

这周在开会的时候，注意留心你在会上的感受。你是觉得舒服、专心在会议方向和议程上，还是觉得自己紧张、不适或是焦虑？这些负面的感受背后没有得到满足的需要是什么？

"首先明确你通过打断会议想满足的需要是什么。"

指南三十六：我可不可以打断一下

指南三十五建议我们在打断会议前停下来，思考自己这样做的目的以及背后想要满足的需要是什么。接下来让我们进一步探讨这个问题。

"了解自己的需要能够帮助你理清接下来自己想要做什么。一开始你打断发言者的时候，他可能会感到挫败或尴尬。因此你需要提出一个合适的具体请求，并且让这个请求与你的需要保持连接。"

假设发言者一直滔滔不绝，你已经无法继续听下去，那么你可以询问他希望听众从他的表达中获得什么信息；换句话说，你要让他明确表达他自己对听众的请求。

要做好准备的是，刚开始，你打断对方会让他感到愤慨或是困惑。这个可能与他被同理的需要没得到满足有关。或者发言者可能觉得自己已经对听众提出了非常清楚的请求，而事实是听众可能只听到了一系列的观察或想法。

要复述你听到发言者说了什么，这样重新整理思路会让你捕捉到更多发言者所传递出来的信息，还能再给他一次澄清自己想法、重新被倾听的机会。这两种办法会让这个会议更好地满足每个人的需要。

正念练习

在接下来一周中，找机会练习复述别人的话语，注意对方的反应及其对接下来的沟通的影响。

"帮助别人弄清楚自己的请求是你为会议做出的重要贡献。"

指南三十七：留心听"请"或"谢谢"

几乎每段职场对话中都会有一方说"请"或"谢谢"。如果你并不享受进行中的会议，那么你可以思考对方到底想表达什么。

如果听到对方在说"请"，那么你可以去猜测他到底在提什么请求，之后替他重新组织一个清晰的请求，来帮助他达成目的。

也可以通过问对方问题，来帮他组织一个可执行的、用正面的语言询问当下意愿的请求。要确保请求清晰，而不是含糊不清，如"我们会完成的"或是"我要你负责这件事"。

"帮助团队其他人提出明确的请求有助于达到目的，这样会为整个团队建立合作关系和彼此信任做出贡献。"

正念练习

在接下来一周中，继续锻炼你为会议做贡献的能力。找机会让自己帮助别人提出一个清晰的、可执行的、询问他人当下意愿并使用正面语言的请求。

"一想到别人知道我们的需要没有被满足却对此无动于衷，我们的情绪就容易被触发。"

指南三十八：我没办法提这个问题

在职场中，权级差异确实存在，但很多时候我们可能会夸大这个差异的程度并扭曲需要做的与此相关的决定。

不管怎样，我们对权级差异的认知都会阻止我们满足自己最根本的需要。我们对生活安全的需要会影响我们在工作中与一位权威人士进行平等的互动，在多数时候我们都会告诉自己："我不能这么说。"

思考最近工作中让你不敢向领导提出满足你某个需要的请求的场景。有的时候，你不确定对方是否知道你的需要没有被满足，而且也不知道如何与对方沟通。另一种情形是你非常确定对方知道你的需要，但对方对此无动于衷。

无论哪种情形，你都会觉得自己的情绪可能被触发，因此不愿去提出请求。自我同理能够有效地帮助你客观地区分你自己的认知和现实，从而能帮助你以合自己心意的方式提出你的需要。

正念练习

在接下来的一周中，你观察自己在向领导提出请求时的舒服程度。你自己的哪些认知或想法决定了你的舒服程度？

"非暴力沟通并不是魔法棒，只要你一挥，原本让你惧怕与之沟通的人就会用你想要的方式与你沟通。"

指南三十九：当非暴力沟通没有效果的时候

在你培养非暴力沟通技能和意识的时候，你可能会经常感到它并没有给你带来你想要的结果。其实，事实并非如此。

在任何时候，自我同理和静默同理都能够非常有效地帮助你与目的重新建立连接。这两种方法能让我们赶走不适，驱除心里挫败的声音，例如"非暴力沟通不管用"或是"这个太难了"，甚至是"他们根本不听我的"。

　　自我同理和静默同理能够让你发现其他与需要相连的方式，甚至你能借此发现你需要离开当下的场景。无论怎样，同理都能让你重新与自己最基本的需要建立并保持连接，恢复理性。

正念练习

　　在练习非暴力沟通时你曾否感到挫败？这周停下来，将关注重点放在自我同理或静默同理上。你是否感受到了变化，重拾了对非暴力沟通的信心？

　　"别人不断向你重复一个人的八卦时，他们其实是想建立一个行为规范或是想试探你的价值观是否和他们一致。"

指南四十：抱怨

　　你是否觉得自己的工作岗位成了公司的抱怨部门？你是否觉得自己被同事拉到一个八卦漩涡中，不断地听到抱怨？

　　如果你对这些抱怨感到厌烦，那么你可以从重新看待这些抱怨的态度开始，扭转当前的形势。

抱怨其实是一种对那些没有被满足的需要的负面表达方式。之所以说是负面的，是因为抱怨本身夹杂了评判，而且受它影响的并不是困扰的制造者，而是抱怨的倾听者。

当一位同事讲述一个充满对另一个同事评判的故事时，他很可能是在试探你与他的价值观是否一样。这种情况下，抱怨是他的一种检验方式。

"听说她之前那个单位没有一个跟她关系好的人。"对方实际上是想问你："你对她的信任和相互尊重的看法是否跟我一样？"这样一来，突如其来的抱怨便转化为相互连接的机会。

正念练习

这周你要将别人的抱怨转化为对方对你价值观的判断。直接同向你抱怨的同事使用静默同理，并思考：这样做是如何改变这次沟通的？

"为了让对方同意我们的判断，我们尝试去同理，但却不如人意，因为我们没有与需要建立和保持连接。"

指南四十一：转变办公室八卦

你是否感到自己身处办公室八卦中？你的同事总是给你讲一个又一个跟领导互动的令人焦虑的故事。你希望她知道你了解她的想法，但同时你也想满足自己彼此真诚相待、沟通透明、被尊重的需要。

与转变抱怨的过程一样，你要将这些八卦视为与对方相连的机会。你可以用同理的方式与对方建立连接，而无须勉强自己赞同对方所做的评判。同事讲述八卦时，最关键的是你要判断自己的理解和认知。

例如："你听说乔伊偷办公室的东西了吗？"你可以将这句话转变理解为："当你听说有人偷办公室东西的时候，你是否也感到无法信任同事？"

下次再听到这种八卦的时候，你不用同意对方的评判，而是用同理的方式来满足你们双方的需要。

正念练习

在接下来的一周中找机会将八卦转换为需要。与同事确认你的转换是否正确，记下这样的同理方式对你们的互动产生的影响。

"反馈通常会带来我们对安全的需要，因为它与我们的生存相关。"

指南四十二：你的认知是什么

在工作中，不断收到建设性的反馈，对提高你的工作效率非常有益。但是很多情况下反馈并不清晰，而且夹杂评判，或是让接受者无法执行（例如每年的员工评估）。

"通常我们的反馈里全是我们对自己或他人的评判。"例如："你没有团队合作能力"，或是"你要提高应对能力"，或是"你要注意别人的感受"。

这就是我们认为反馈是负面的事情的原因。在职场中，别人告诉我们员工评估是件令人焦虑的事情，因为评估结果会影响我们的财务状况。

回顾你最近给同事或下属做的一次评估反馈。你怎么表达的？如果是你接受这样的反馈，你会怎么解读？

正念练习

这周把你对"员工评估"的认知和联想写在纸上，并分析结果如何。

"反馈通常是问题最多的沟通。"

指南四十三：告诉我你的感受到底是什么

很多时候，我们在做出反馈时会受到很多限制，因为我们的职场让我们遵循某个固定程式，例如打分或填表。我们可能会觉得自己陷入了评判之中，却不知道具体应该怎么做。

在工作中，反馈被看得非常重要，但它通常没有相应的清晰度和作用。

无论你使用哪种反馈系统，你都能通过使用非暴力沟通强化其意义，包括尝试进行清楚具体的观察，以及说明哪些需要已经得到了满足而哪些没有。

如果你想给出较低的团队合作分数，那么你可以提出相应的观察结果和需要。例如你可以说出你看到的对方在工作关系、沟通中的问题，或是在团队协作时效率较低。这样一来，对方便可以理解你所打的分数，并将他自己的行为和你与团队其他成员的期待和需要做出比较。

正念练习

回想你给出的反馈或是别人给你的反馈。你能如何用非暴力沟通技能将反馈变得更为清晰？

"如果你的情绪被别人的反馈所激发，那么你可以练习用自我同理与需要相连。"

指南四十四：说出来

你是否发现自己对领导或同事的反馈感到困扰、挫败或是想要自我防卫？

这可能是因为你收到的反馈没有与具体的观察或需要建立连接，所以你不明白为何对方会有这样的反馈。

如果你收到的反馈激发了你的情绪或是让你感到困惑，那么你可以练习自我同理，与自己的需要建立连接，或是花点时间离开当下的情境去自我同理，然后猜测对方通过评判想满足的需要。

尝试重新用需要和观察的语言复述你听到的反馈，与对方确认你的理解是否正确，自己的行为是否符合对方的要求。你也可以通过说出自己的猜测来帮助对方明确要求。这样你就可以把一个负面、模糊的评判转为一个非暴力沟通的对话。

正念练习

这周回顾你最近收到的一个负面反馈。思考：如果将它转变为需要和观察的语言，是否会产生不同的效果？

"花时间承认（或欢庆）自己（或是团队）在个人满足感（或合作关系）上取得的成就。"

指南四十五：要记得欢庆

你给的反馈是否关注你想要改变的和你并不太享受的事情？

在工作中，重要的是要对满足你需要的正面行为进行观察。欢庆能大大增强团队动力和士气，并明确团队成员的优秀之处。

正面的反馈可以以与负面反馈相同的方式进行沟通。先列出一个清晰的观察，不要有评判，并将行为与得到满足的需要连接。

例如，你不要说："你这次的议案写得非常好！"相反，你可以说："我对这次调研的信息量和完整性非常满意。""我知道细节对这类客户的重要性，而你的工作会让我们的服务进行得更加轻松。"

正念练习

在接下来的一周里，寻找提供正面反馈的机会，用观察和需要的语言来欢庆一个成就，并观察对方的反应。

"如果你享受与同事的某次互动，那就为需要得到了满足而欢庆。思考你做出的具体观察。"

指南四十六：这种行为不能接受

在职场中，我们可能会向上级或下级、同事或客户做出承诺，无论这些承诺是否被写下来，它们对维系良好的工作环境至关重要。

如果承诺未被遵守怎么办？例如，假设员工向你承诺在看到客户进到店里的时候，他们会说："我能帮您吗？"

但这周有很多次你都看到客户在柜台前不知所措。此前的承诺未被遵守，这时你该如何应对？很多时候，你的第一反应是："他怎么会这样？让客户等着太不应该了！"

当你意识到自己的评判和焦虑时，最好在同他人沟通前先进行敌对印象过程。花时间明确自己的哪些需要没有被满足，然后再与对方进行沟通，并在沟通时说出具体的观察和需要。

正念练习

回忆别人之前未遵守与你所做承诺的例子，使用敌对印象过程，然后思考你要对他们说什么。

> "当我们询问别人行为背后的需要时，我们其实是在问一件能够为我们带来影响的事情。"

指南四十七：现实到底是什么

指南四十六告诉我们，在承诺未被遵守时，先使用敌对印象过程，花时间确认你的哪些需要没有得到满足。

你在思考未被遵守的承诺时，还要确认自己与对方对这个承诺的理解一致。

"约翰，我的理解是你之前同意当看到有人进店的时候，你会积极接待，询问客人有何需要，但这周我发现好几次客户站在柜台前，却没有人接待。你可不可以告诉我发生了什么事让你没有及时去接待客户呢？"

这样陈述你的观察，你就表述清楚了自己的猜测，并能确认你的理解是不是事实。询问对方，既能帮助你理解他的处境，也让他借此分析他行为背后的需要。这样的沟通以询问开始，而不是直接给对方定罪，强迫对方的行为令你满意。

正念练习

　　继续思考最近未遵守承诺的例子，查验你们对这个承诺的理解是否一致。

　　"彼此相连的核心目的是以一种发自肺腑、不经意的方式与自己建立并保持连接，也就是说出你的需要。"

指南四十八：收拾残局

另一个常见的职场问题就是公共区域的整洁问题，这个问题也给了我们练习非暴力沟通技能的机会。

"每个单位都会有爱干净的人，也会有不爱干净的人。当爱干净的人看到水池里的脏咖啡杯时，他们会尖叫着要求那些弄脏咖啡杯的人收拾。"

而另一个非暴力沟通的方式能够带来更正面的反应：不要尖叫，而是要用观察的语言与同事进行沟通，再以请求的方式陈述自己没有被满足的需要。

例如，当我看到你准备午饭的时候把脏盘子放在水池子里，而没有清理时，我感到很沮丧，因为我被尊重的需要没有得到满足。你现在是否愿意承诺饭后清理盘子并把盘子放到洗碗柜里呢？

正念练习

选择一个工作中经常发生的场景，在该场景中使用非暴力沟通，看看会带来什么改变。

"我们中有很多人会收到许多邮件，而这也正好能让我们练习非暴力沟通技巧。"

指南四十九：别着急按"发送"

在当今这个飞速发展的电子化时代，我们每天收到的电子邮件可能会让我们感到烦恼不已。我们渴望提高工作效率，而过多的邮件给我们带来了困扰。

回顾一封最近触发你情绪的邮件。它可能给你带来了痛苦，或是因为太过冗长而让你感到困惑。

在你写好回复，正要点击"发送"的时候，可以停一下。就像现实中的一个行为会触发你的情绪一样，当你的情绪被触发时所回复的邮件也会降低你的工作效率。

通过练习自我同理审视自己的需要，再用同理的方式去猜测对方写邮件给自己时的需要。在这个过程中，你发现了什么？

正念练习

这周让自己在回复一封令你情绪激动的邮件前，停一下。之后思考：停下来会对你接下来的回复产生什么样的影响？

"我注意到当我处在评判中的时候，我的行为结果会让我感到缺少一些东西。"

指南五十：让我们换一种方式

当你开始改变职场沟通方式的时候，你是否经历过挫败？

在职场使用新的沟通方式很难，我们常常会受到自己的局限（被我们的行为、认知和关系所限制）。这是因为我们对职场中能做什么和不能做什么存有惯性思维。我们会陷入这些惯性思维当中，特别是会担心别人怎么看待我们新的沟通方式。

你是否对职场文化或同事的期待有既定的想法？把这些限制你的想法写下来。它们是否影响了你的沟通方式？

正念练习

这周要发掘你在职场中限制自己的想法，如"应该这样做事"。这些想法出现在你脑海中的时候，观察它们怎样影响你与同事的沟通。

"使用非暴力沟通的前提就是，当你关注自己与他人间的连接时，你的需要就会得到满足。同时，你周围人的需要也会被满足。"

指南五十一：记住这四个选择

我们在职场中有很多练习非暴力沟通的机会，而且很多时候不需要你出声使用，例如参加会议、回复客户邮件、在通勤路上等。

你在做回应时，有四个选择：

1. 自我同理：问自己的感受；

2. 静默同理：静默地猜测对方的感受；

3. 倾听：出声询问对方的感受；

4. 表达：出声同对方分享自己的感受，包括你的观察、感受和需要。

如果你觉得自己在工作中的沟通陷入了困境，那么你要重新思考这四个选择中的哪些能给你带来新的想法。

正念练习

在接下来的一周中，注意在怎样的情况下你不确定应如何对某个具体的情境做出应对。尝试使用这四个选择。使用非暴力沟通是否改善了沟通双方彼此连接的效果？

"非暴力沟通不仅是改变与自己沟通的语言（也就是我自己如何思考），也不仅是改变与他人沟通的语言（也就是我怎么说），而是我如何甄别对周遭世界的认知和感觉。"

指南五十二：记住你的目的

在职场中继续练习和提高非暴力沟通技能时，你肯定会遇到困难。

面对这些困难时要记住，非暴力沟通仅仅是一个帮助你与自己和他人的需要建立和保持连接的工具。非暴力沟通的架构提醒你关注当下。

如果你在进行沟通前思考非暴力沟通的架构，那么你就没有将注意力放在当下。例如，如果你在开始一段对话前就思考："我会先自我同理，并产生同理心；然后我再关注对方，进行静默同理以理解他；在这之后，我再与他对话，并继续关注他。"

不要这样做！相反，要关注自己当下的感受，然后用非暴力沟通改变自己，而非将自己的经历生硬地套用非暴力沟通的架构。

请牢记："使用非暴力沟通不是要改变你说话的方式，而是要改变你的思维模式和看待这个世界的方式。"

正念练习

在接下来的一周里，思考你在工作中沟通的目的。这些目的如何影响你的注意力？

结　语

在职场生活中，我们与同事会形成固定的沟通模式。尽管我们与同事每天在一起的时间很长（有时甚至超过同家人相处的时间），但彼此间却仍然保持了一定距离。所以同事关系并不是生活中最亲密的关系。与同事所保持的距离以及公司中特有的企业文化，让我们常常对在职场中引入新的沟通模式感到气馁。

我从以往带工作坊以及调解职场纠纷的经验中体会到，我们在心里暗自规定了在职场中什么可行而什么不可行，而这些想法束缚了职场的沟通模式。我们为"什么是合宜的行为"设下自己的标准，然后习惯性地直接按照心中的假设行事，而不会审视这个假设是否正确。我们一手制造了与同事保持距离、凡事拘泥于形式的职场氛围，以至于更深信别人对我们的言行有既定的期待，从而行事也越发拘谨。但在工作坊中，我慢慢发现，一旦人们开始深层次地自我同理和静默同理，他们的行为就不会再局限于以前自己所设的行事规范。因为自此他们开始意识到，职场中的同事都是常人，有七情六欲，即使是那些开始认为在职场中使用非暴力沟通毫无希望的人最终也会认同这一观点。

如果你希望将非暴力沟通融入自己的日常生活中，那么职场必定位列其中。朱莉·格林是一名非暴力沟通培训师。她曾经一度认定"置之死地而后生"，并决定用非暴力沟通处理一切人际互动。她觉得自己肯定会犯错误，但这些错误可以转变为练习非暴力沟通的机会。我想她口中所谓的"错误"，可能是指人们对新的互动方式会做出的负面反应。她需要寻找方法重新与对方建立并保持连接。我喜欢她这个"置之死地而后生"的比喻。我自己也一度想不再将职场和私人生活中的沟通方式区分开来。

我希望本书能够让你看到，其实在职场中有很多使用非暴力沟通的机会。而使用非暴力沟通并非一定要出声说出来，也无须让同事看到整个过程。本书中提到的静默同理技巧是最终出声使用非暴力沟通的垫脚石。无论你决定出声使用非暴力沟通还是仅仅静默使用，这本身都是自我关心的过程。

非暴力沟通的模式使用有四种选择，让你面对任何情境都能应用自如。其中两种是静默的，两种是出声的。静默的选择分为静默同理和自我同理。关于这两种同理方式的使用，我们在第二章中已经讨论过。出声的选择是同理和表达：同理时，我们猜测对方的想法；表达时，我们与对方分享我们的想法——我们自己的观察、感受、需要和请求。

如果重读本书，那么你就会发现书中所有内容都可以回归到这四种基本选择上。我们讨论的有些问题（例如敌对印象过程）甚至仅仅是使用这些基本选择的某种架构方式，或是某个使用目的。如果你不知如何应对职场中的某一特定情境，那么你可以用这些选择决定互动下一步该如何继续。我建议你先从自我同理或其他被同理的方式开始。因为自我连接是一切的基础，如果做不到这一点，那么其他所做的一切选择都是应激反应。当你与自己的需要成功建立起了连接时，静默同理自然成为下一种选择。至此，你可以询问自己是否要使用同理或出声表达来满足自己的需要。多年以来，我一直用这种方式思考和选择使用哪种方式进行非暴力沟通。每当我发现一段沟通无法进行下去的时候，这种模式都能帮助我顺利找到出路。这四种选择可以让你无论面临何种情况，都能从中获得帮助。当你熟练掌握这些选择中的每一项技能时，你就会发现自己已经可以根据具体情境随意组合使用它们。

在本书中，我为这四种选择设计了一个基本的架构，以保障它们在不同的职场情境中可以被重复使用。但我想强调的是，基本架构就像是一根指着月亮的手指。我希望你看到的不是较为无关紧要的手指，而是它所指向的月亮。架构只是为了让你在当下的情境中集中注意力。如果你在身处某一情境时脑中还思考着架构："我要先进行自我同理并感受同理心，然后我再关注对方，开始静默同理并保持感受同理心，之后我便能在关注对方的基础上，将对话继续下去。"然后你据此准备安度整个过程，那么你便是生活在图像中，而不是当下。同理自己或他人的过程、经历学习周期、应对敌对印象，这些都是一个个真实完整的过程，特别是在第一次练习的时候，你可能会反复猜测感受和需要，然后才能找到满意的答案。这个过程短的话可能持续几分钟，长的话甚至几周，你可能需要进行几次同理才能将注意力放到对方身上。有时即使你已经同理了自己和他人，可能也仍不会产生同理心。这个过程不是既定的，它因情境、对象、事件本身的不同而有差异。我们最希望你记住的是要关注当下发生的事情，并将这个架构应用在你的经历中，而非将经历生硬地套入架构中。最后，非暴力沟通要改变的不是你说话的方式，而是你的思维模式和你看待世界的方式。这并非小事，它需要一个团队支持。这个团队可以由一两个你能信任、在这个过程中能帮助你的人组成。这个团队能够提醒你：根本的改变不会一朝一夕达成，而是个长时间的练习过程。在这个过程中，我们会犯错误，也会一次次失去连接，然后又不断重新建立连接。

然而，这些经历都是值得的。当我将评判转换为观察，发现被满足或没有被满足的需要时，我会让这个世界变得更好，也会对周遭的世界更为信任，最终结果也将更令我满意。当我意识到自己活在评判里而非需要中时，我便知道与自己和他人失去了连接。而且活在评判中的我总会感觉失去了些什么，不仅不能满足需要，还会因自己不正确的评判而自以为是。我写这本书就是要将非暴力沟通应用到生活和职场中，因为我希望创造出一个怀有同理心的世界。非暴力沟通不是达成这个目的的唯一手段，但却是我觉得最有效的一种。我与大家分享这本书的内容，是为了要与你们产生共鸣：我们都要为我们自己，也要为我们的孩子创造出一个更好的世界。